2판

재난과 외상의 심리적 응급처치

권정혜 · 안현의 · 최윤경 · 주혜선 공저

PSYCHOLOGICAL FIRST AID

학지사

2판 머리말

이 책의 초판을 쓸 당시 국내에는 재난심리라는 분야가 없었다. 물론 위기상담이나 개입은 이루어지고 있었지만, 대규모 피해 상황인 재난에 초점이 맞추어진 경우는 극히 드물었다. 각종 참사와 재난 현장을 지켜보며 적지 않은 심리학자들이 뭔가를 해야 한다는 사명감을 느꼈지만, 현장에 어떻게 접근해야 하며, 무엇을 해야 할지 막막하였다. 재난 현장에는 언제나 수많은 사람들이 일하고 있었고, 여러 기관의 관계자들과 지원체계가 투입되었기 때문에 개인 전문가로서 접근하기에는 조심스러운 점이 많았다.

하지만 심리학자들이 고심하고 있을 때 현장에는 이미 재난심리에 대한 지식이나 훈련 없이 돕고자 하는 마음만 가지고 활동하는 단체들과 개인들이 많이 있었다. 그리고 그들의 선한 의도와는 달리 생존자들과 가족들이 이차적 상처를 받는 것을 보고서는 시급하게 방법을 찾아야 할 필요성이 높아졌다. 그리하여 한국심리학회 산하 재난심리특별위원회를 발족하게 되었으며, 이 책의 저자들을 포함하여 임상심리학자들과 상담심리학자들을 주축으로 여러 분야의 심리학자들이 함께 활동하게 되었다.

재난심리특별위원회에서 가장 먼저 착수한 일은 바로 재난 현장에서 활동할 심리전문요원들이 무엇을 알고 있어야 하며, 어떻게 개입해야 하는지, 그리고 무엇을 유의해야 하는지를 체계적으로 교육하는 것이었다. 재난 사건이 발생할 때 현장에 투입될 심리전문요원들을 잘 교육하는 것이야말로 피해자들에게 가장 효과적인 도움을 주는 방법이라고 믿었기 때문이다. 재난 현장의 심리적 개입은 공감이나 개인적 경험과 직관만으로 할 수 있는 것이 아니고 일반 심리치료 접근과도 다르기 때문에, 저자들은 국내외 연구 자료와 더불어 국제적으로 공인된 재난 개입 매뉴얼을 토대로 우리나라 정서에 맞게 내용을 재구성하였다. 그리고 우선적으로 한국심리학회 회원들에게 교육을 실시하였다. 이 책은 처음부터 출판하기 위해서가 아니라 저자들이 쓴 교육용 강의 원고에서 시작된 것이기에 그 의미가 애틋하고 남다르다.

재난 현장의 심리적 개입이란 재난이 발생한 직후의 개입부터 이후 외상 관련 증상을 다루는 심리치료까지 넓은 범위의 활동을 포함하지만, 이 책은 심리적 개입의 가장 핵심이자 중요한 단계인 심리적 응급처치에 초점을 두고 있다. 심리적 응급처치는 재난 생존자들과 그 가족들의 회복에 큰 도움이 되는 것으로 검증되었고, 재난의 심리적 개입을 일반 상담과 차별화하는 가장 결정적인 부분이라 할 수 있다. 심리적 응급처치는 심리치료가 아니기 때문에 반드시 심리학을 전문적으로 공부한 이가 아니어도 실시할 수 있다는 점에서 저자들은 이 책을 출판하여 다른 분야의 재난 요원들과도 공유하고자 하였다.

따라서 최대한 심리학 전문용어를 피하고 독자들에게 익숙한 표현과 구성으로 만들기 위해 노력하였다. 특히, 개정판에서는 실제 사례들을 더 추가하였고, 아동과 청소년에 대한 개입 내용을 보완하였다. 그리고 책의 제목을 바꿈으로써 심리적 응급처치가 비단 대규모 재해나 재난뿐 아니라, 소규모 재난이나 학교 단위의 트라우마 사건에도 적용될 수 있음을 강조하였다.

무엇보다도 개정판을 내면서 한 명의 저자가 더 동참하게 된 것은 매우 기쁜 일이다. 아직 이 분야에 관심을 갖고 있는 전문가들이 많지 않아 아쉬움이 있는 와중에, 재난과 트라우마 연구와 치료에 누구보다도 열정적이고 유능한 젊은 심리학자 주혜선 박사가 함께함으로써 개정판이 나오는 데 힘을 실어 주었다.

재난이든 개인적 사건이든 간에 많은 사람들은 트라우마를 경험한 후에 삶의 변화를 겪게 된다. 그 변화는 일시적인 것일 수도 있고, 이후 삶의 전반에 영향을 미치는 것일 수도 있다. 중요한 것은 그 변화가 반드시 상처와 아픔과 상실감만을 가져오는 것은 아니라는 사실을 더욱 깨닫게 된다는 점이다. 트라우마라는 무척 힘든 경험을 한 사람들을 만날수록 과학과 논리로 설명할 수 없는 강인한 인간의 존재를 확인하게 된다. 충격과 참담함 속에서 스스로 회복하고자 할 뿐 아니라 그 너머의 깨달음과 성장을 추구하는 생존자들과 그 가족들을 보면서 재난 앞에서 나약한 인간의 실존이 아니라 생명에 대한 희망과 경이로움을 느낀다. 저자들은 극단의 아픔을 이겨 내고 성장하고자 하는 모든 이들의 용기에 아낌없는 지지와 격려를 보낸다.

무엇보다 재난 현장에서 자신의 몸과 마음을 아끼지 않으며 그 누구보다도 헌신적으로 뛰어드는 모든 심리요원들과 소방대원들 그리고 응급구조요원들에게 깊은 경의와 감사를 표한다. 마지막으로 이 책의 재판을 낼 수 있도록 전폭적인 지원을 해 주신 학지사 김진환 사장님과 편집부 김선우 님께도 감사의 뜻을 전한다.

2014년 1월

저자 일동

1판 머리말

1995년 6월 삼풍백화점이 붕괴된 현장을 TV 생중계로 지켜보면서 어떻게 저런 일이 현실에서 일어날 수 있을까 생각하며 한동안 멍했던 순간이 있었다. 1999년 6월 씨랜드 청소년 수련원 화재로 인한 어린 아동들의 사망 소식을 접하고 모두들 부모의 마음이 되어 안타까워했던 일도 잊히지 않는다. 그리고 2003년 2월 대구 지하철 화재 현장에서 한 사람의 생명이라도 더 구하고자 애쓰던 구조대원들을 보면서 재난 현장에서 심리학자로서 우리가 할 수 있는 일이 무엇일까를 고민하였다. 처음에는 외상후 스트레스 장애를 공부하는 작은 연구 모임을 시작했으나, 점차 외상후 스트레스 장애를 치료하는 것만큼이나 사전 예방이 더 중요하고, 이를 위해서는 재난 현장에서부터 심리적 개입을 시작해야 한다는 데까지 생각이 미치게 되었다.

우리는 흔히 재난이나 대형 참사가 일어나면 눈에 보이는 상흔의 수습과 복구에 모든 노력을 기울이는 경향이 있다. 하지만 재난으로 건축물이나 재산을 잃는 것보다 더 뼈아픈 일은 사람의 생명을 잃는 것이다. 설사 목숨은 건졌다 해도 재난의 생존자들은 삶의 뿌리가 근본부터 흔들리는 경험을 하게 된다. 아마도 재난을 통해 잃는 것 중에 가장 큰 부분을 차지하는 것은 사람의 마음에 상처를 입는 것 같다. 생존자와 유가족, 구호요원 그리고 현장을 지켜본 사람들 가운데 많은 이들은 모든 물리적인 복구가 이루어진 이후에도 마음에 상처가 남아 있음을 호소한다.

미국의 경우, 전국적으로 Disaster Response Network(DRN)라는 심리학자들의 지역사회 연계망이 구축되어 있어, 재난이나 대형 참사가 발생하면 해당 지역의 심리학자들이 현장에 나가서 비영리적인 심리 지원 활동을 펼친다. 그동안 우리 사회도 여러 번의 재난과 참사를 겪으면서 새로운 정책과 변화의 시도를 통해 복구 과정이 많이 세련되진 것이 사실이다. 하지만 최근까지도 여전히 그 복구의 대상에 '사람의 마음' 이 포함되지 못한 것은 안타까운 일이다.

다행히 최근에 한국심리학회에 재난심리위원회가 조직되었고, 대한적십자사와 더불어 재난 현장에서 심리 지원 활동을 펼칠 수 있는 심리학자 및 심리학과 대학생/대학원생들의 전국적인 연계망이 구축되었다. 물론 아직은 시작에 불과하다. 재난 현장에서의 심리적 응급처치에 대한 사회적 필요성을 인식하고 심리학자로서 책임감과 사명감을 갖고 재난 현장에 뛰어들겠다고 뜻을 모았으나, 막상 아무런 준비가 되어 있지 않으면 오히려 방해가 될지도 모른다는 걱정에 대략적인 가이드라인을 만들기로 뜻을 모았다.

저자들은 지난 2년에 걸쳐 이 책에 대한 구상을 하고 준비를 하였으나, 솔직하게 고백하자면 아무런 준비 없이 재난 현장에 처음 투입된 것처럼 수많은 시행착오를 겪었다. 부분적으로는 재난 현장에 대한 경험의 부족 탓이요, 부분적으로는 전문적인 심리치료의 틀에서 벗어나는 데 상당한 시간이 소요되었기 때문이다. 다행스럽게도 우리보다 먼저 시행착오를 겪고, 다양한 재난 현장에서 노하우를 축적한 외국의 선례들이 있어 상당 부분 도움을 받았다.

이 책의 제1부에서는 심리적 응급처치에 대한 기초로 심리적 응급처치의 개념, 급성 스트레스 반응 그리고 심리적 응급처치의 원리 및 목표를 다루었다. 제2부에서는 심리적 응급처치의 일반적 지침을 중심으로 심리요원이 갖추어야 할 자질과 기술, 현장에서의 일반적 행동 지침, 심리요원의 자기관리 및 고려 사항을 서술하였고, 제3부에서는 심리적 응급처치의 실제를 중심으로 각 단계에 따른 심리적 응급처치와 심리적 응급처치의 구체적인 방법을 다루었다. 이 부분에서는 National Child Traumatic

Stress Network(2006)의 *Psychological First Aid: Field Operations Guide*를 참고하였다. 제4부는 심리적 응급처치에서 선별 평가에 관한 내용으로 평가의 주요 쟁점과 선별 평가의 실제를 다루었으며, Myer(2001)의 *Assessment for Crisis Intervention*을 참고하였다.

아직 부족한 부분이 많은 이 책을 내놓으면서 바라는 바는 저자들이 겪었던 시행착오를 우리 후배들은 조금이나마 덜 겪었으면 하는 것이다. 아울러 마음이 회복되어야 다른 영역의 회복도 빨라질 수 있다는 심리적 응급처치의 철학이 우리 사회에 공유되었으면 한다. 끝으로, 이 책이 세상에 나올 수 있도록 물심양면으로 도와주신 학지사 김진환 사장님과 편집부 이세희 과장님께 감사의 마음을 전하고 싶다.

2008년 8월

저자 일동

차례

PART 3 심리적 응급처치의 실제

PART 4 심리적 응급처치에서의 선별 평가

PART
1

심리적 응급처치에 대한 기초

chapter 1

심리적 응급처치란 무엇인가

모든 재난이나 외상 사건은 사람들의 생명과 재산을 빼앗아 갈 뿐 아니라 사람들을 큰 충격에 빠뜨린다. 재난 현장에서 가장 시급한 과제는 인명을 구하고, 생존자들의 기본적인 욕구(안전, 식량과 옷, 거주지 등)를 충족시켜 주는 것이다. 이와 함께 생존자들이 가족과 친지 및 지역사회 내 지지 체계와 연락하도록 도와주고, 재난복구 서비스를 받도록 안내해 주는 일이 필요하다. 이와 같이 재난 발생 직후의 심리적 개입은 심리적이면서도 실질적인 도움을 주고, 정보를 제공해 주는 등 개별적이고 비공식적으로 지원하는 경우가 많다. 재난이나 외상 사건이 일어난 후 시간이 경과함에 따라 생존자들은 일상생활의 모든 면에서 다양한 문제에 직면하게 될 뿐 아니라, 그 당시에 느끼지 못했던 복합적인 심리적 반응을 경험하게 된다. 따라서 심리적 개입은 보다 정교하고, 대상자에 대한 세심한 평가에 기초해서 각 단계에 맞도록 제공되어야 한다.

1 심리적 응급처치

초기 심리적 개입(Early Psychological Intervention: EPI)이란, 재난 혹은 외상 사건이 발생한 후 첫 4주 동안 제공되는 모든 종류의 심리적 개입을 지칭한다. 심리적 응급처치(Psychological First Aid: PFA)라는 용어는 흔히 초기 심리적 개입 가운데 사건 직후 충격 단계에서 제공되는 개입을 지칭하지만, 이 책에서는 초기 심리적 개입이라는 용어가 길고 그 의미가 즉각적으로 전달되지 않아, 초기 심리적 개입과 심리적 응급처치를 섞어서 사용하고자 한다.

글상자 1

심리적 응급처치와 위기상담의 차이

	심리적 응급처치	위기상담/심리치료
얼마 동안?	몇 분 내지 몇 시간	몇 주 내지 몇 달
누구에 의해?	제일선에 있는 조력(전문구호요원, 경찰, 목사, 의사, 간호사, 사회사업가, 교사 등)	상담자 혹은 심리치료자
어디서?	지역사회 내, 가급적 재난 현장에서 멀지 않은 곳	상담소나 병원, 클리닉
목표는?	**즉시적으로 대처를 돕는 개입**: 지원을 해 주고, 정보를 주고, 도움을 주는 자원과 연결시켜 주고, 치사율을 낮춤	**위기를 극복하는 개입**: 사건을 해결하고, 그 사건을 삶에 재통합함
절차는?	제8장 참조	전통적인 상담 및 심리치료 기법을 사용함

2 응급, 위기, 외상, 재난의 의미

Caplan(1964)은 심리적 위기(응급)는 외상 사건 및 재난에 대한 급성 반응으로 ① 심리적 평형상태(homeostasis)가 무너진 상태로, ② 개인의 평상시 대처기제가 작동하지 않으며, ③ 심각한 고통, 손상, 역기능의 증거가 있음을 특징으로 한다고 말했다.

1) 심리적 응급, 위기, 외상, 재난의 용어 비교

Myer와 James(2005)는 네 가지 유사한 개념인 심리적 응급, 위기, 외상, 재난을 다음과 같이 설명하였다.

(1) 심리적 응급(emergency)

- 개인이 정상적인 방식으로 기능하지 못하며, 개인적 책임을 수행할 수 없는 무능한 상태일 때를 지칭한다. 심리적 응급 상태에 처해 있는 사람들은 신체적이거나 심리적인 손상을 입을 수 있다. 이들은 자기 자신을 비롯한 다른 사람들에게 해를 입힐 수도 있다. 사람들이 으레 취하는 안전 조치나 주의를 기울이지 못하며, 그 결과 자기 자신이나 다른 사람들을 제대로 보살피지 못한다. 이로 인해 영구적인 상해를 입을 수도 있는 즉시적인 위험이 존재한다는 점이 특징이다. 예컨대, 정신병 삽화로 인해 고속도로를 건넌다든지, 약물중독인 상태에서 어린 아이들을 혼자 놀게 놓아두는 것을 말한다.
- 심리적 응급 상태는 돌발적으로 일어나는 경우가 많다. 친구가 자살을 시도했다든지, 가족이 갑자기 정신병 증상을 보이는 상황처럼 극적이고 일반적으로 즉시적인 위험이 내포되어 있다. 이런 상태에서는 즉시적이고 확고한 개입이 제공되어야 한다. 개인의 안전을 위해 자발적이거나 비자발적인 입원 조치가 필요할 때가 많다. 이때 주목적은 그 자신이나 다른 사람을 해치지 못하게 보호하는 것이다.

(2) 위기(crisis)

- 개인이 어떤 문제를 만났을 때 평소 방식대로 대처해서 문제가 해결되지 않거나 문제에 압도당하거나 불균형을 이룬 상태다. 그렇지만 응급 상태와는 달리 이 경우는 위험에 처해 즉시적으로 자신이나 다른 사람을 해칠 만큼 취약한 것은 아니다. 예컨대, 방금 유방암 진단을 받았다거나, 아니면 청소년 딸에게서 임신했다는 말을 들은 것과 같은 상황을 들 수 있다. 이들의 취약성이나 상해의 위협이 입원을 요하는 만큼 긴박하지는 않다. 그렇지만 전문가의 도움이나 혹은 가족이나 친구의 조력을 받지 못한다면 장기적인 정서적 · 행동적 · 인지적 문제를 일으킬 수도 있다.
- 위기 상태에 처한 사람들은 대개 4~6주가 지나면 평형상태로 돌아온다. 따라서 이 시기의 개입은 내담자가 위기 이전의 기능을 회복하게 하는 것이 목적이며, 현실적으로 위기에 대한 반응에 초점을 맞추는 것이 좋다. 이때 삶의 중요한 영역에서 변화를 시도한다든지 성격 변화를 꾀하는 것은 적절하지 않다.

(3) 외상(trauma)

- 사람들이 평상시에는 잘 경험하지 않는 극심한 스트레스를 유발하는, 생명과 인간의 존엄성에 중대한 위협을 주는 사건을 말한다. 이로 인해 생존자는 말할 수 없는 고통과 무력감 및 위협을 느끼고, 이후 생활에 지대한 영향을 받게 된다. 강간을 당한다든지 살인 사건을 목격한다든지, 자연재해를 만난다든지, 가족이 교통사고로 죽는다든지 하는 일시적인 사건도 있으며, 아동이 일정 기간 이상 신체적 · 성적 학대를 당하는 것과 같은 지속적인 사건도 있다.
- 외상을 경험한 개인은 심리적으로 이 사건에 계속 고착된다. 사건의 여파는 위기를 경험하는 사람들이 4~6주가 지나면 회복되는 것과 달리, 외상 사건은 계속 이들의 삶에 파고들어 영향을 미친다. 악몽, 플래시백(사건 당시로 되돌아간 듯 외상 사건을 현재 일어나는 것처럼 다시 경험하는 느낌), 분노나 무관심과 같은 감정, 과도한 각성 등을 보인다. 평소의 대처방법을 동원해 이 긴장 상태를 해소하려고 하지만 그것이 해소되지 못하면 위기가 뒤따른다.

(4) 재난(disaster)

- 갑자기 예기치 않게 일어난 끔찍한 일로 인해 많은 사람들의 생명과 재산을 한꺼번에 위협하는 사건에 대한 총칭이다. 장마나 지진과 같은 자연재해, 화재나 비행기 추락 사고, 댐 붕괴와 같은 인간재해 등이 있다. 인간재해는 자연재해보다 심리적 후유증이 더 만성적이고 장기화되는 경향이 있다.
- 재난의 즉시적인 영향은 심리적 응급 상태를 초래하며, 재난 후 수일 혹은 수주가 지난 후 생존자들이 상실에 대처하려고 할 때 심리적 위기가 생겨날 수 있다.

2) 심리적 응급처치가 필요한 사건

심리적 응급처치가 필요한 심각한 재난이나 외상 사건은 크게 자연적으로 발생하는 사건과 인간에 의해 유발되는 사건으로 나누어 볼 수 있다. 그 발생을 통제할 수 없는 자연재해에 비해 인간에 의해 발생한 외상 사건은 더 심각한 정서적 반응을 일으킨다. 특히, 폭력이나 강간, 학대 등의 고의적이고 악의적인 외상 사건은 만성적이고 심각한 후유증을 초래한다.

(1) 유형 I: 고의적 · 악의적 인간 유발 유형

- 전쟁
- 성적 학대(강간, 강제로 옷 벗게 하기, 신체 노출 등)
- 신체적 학대(구타, 목 조르기, 무기로 위협하기 등)
- 정서적 학대(고립시키기, 외도나 가출, 협박, 의식주의 박탈 등)
- 범죄행위(강도, 가정폭력, 상해 등)
- 테러
- 살인, 강간, 폭력, 고문(성 고문이 가장 심함: 신체적 · 정서적 · 영적 잔혹함이 복합되어 있음)의 경험 혹은 목격

(2) 유형 II: 비고의적 인간 유발 유형

- 산업재해
- 화재, 폭발 사고
- 자동차, 비행기, 열차 사고
- 건물 붕괴

(3) 유형 III: 자연 유발 유형

- 허리케인, 태풍, 토네이도
- 홍수, 해일, 지진, 산사태
- 화산 폭발

(4) 기타 유형

- 타인의 끔찍한 죽음이나 신체 부위의 절단 등의 부상을 목격한 경우(직업 특성상 이러한 사건을 반복적으로 목격하는 경우도 포함)
- 위기적 상황에서 누군가가 절박하게 구조 요청을 하거나 고통스러워하는 소리를 들었을 경우 또는 역겨운 냄새를 맡았을 경우

➡ 외상(혹은 외상에 대한 반응)의 심각도에 영향을 미치는 요인

- 예측 가능성 일반적으로 예측 가능한 사건은 심각도를 낮춘다.
- 통제 가능성 외상 사건의 발생에 책임이 적거나 통제가 가능하지 않은 경우일수록 심각도가 낮아진다.
- 강도 신체적 혹은 정서적 손상을 적게 일으키는 사건은 덜 심각하다.
- 지속성 짧은 기간 동안 일어나는 사건은 심각도가 낮다.
- 반복성 반복적으로 일어나는 사건일수록 심각도가 높다.

3 심리적 응급처치는 왜 필요한가

일반적으로 응급처치란 사고 현장에서 인공호흡을 하거나 출혈에 대한 지압을 하는 등 즉시 필요한 조치를 취하는 것을 말한다. 이는 병원 치료를 받도록 일시적으로 도와주는 것일 뿐 아니라, 적절한 조치로 회복 상태에 이르도록 하는 것을 포함한다. 예를 들면, 위급한 상황에서 전문적인 치료를 받을 수 있도록 119에 연락하는 것부터 부상이나 질병이 의학적 처치 없이도 회복될 수 있도록 도와주는 행위도 포함된다. 이에 따라 개인의 삶과 죽음이 좌우되기도 하며, 회복 기간이 단축되기도 한다.

심리적 응급처치의 목적도 이와 유사하다. 일반적인 응급처치가 부상자의 신체적 고통을 완화하며, 신체 기능을 안정시켜 정상적으로 돌아오도록 도와주듯이, 심리적 응급처치를 통해서 생존자의 안정을 도모하며, 심리적으로 재난에 보다 잘 대처할 수 있도록 돕는다. 심리적 응급처치를 통해 재난 후 후유증을 최소화하고, 생존자들이 정상적으로 회복하는 것을 촉진한다.

심리적 응급처치의 목표는 구체적으로 다음과 같다.

- 심리적으로 안정을 찾게 하고, 고통을 줄여 준다. 재난을 당하면 대부분 사람들은 큰 심리적 충격에 빠진다. 따라서 무엇보다 심리적 안정을 찾게 해 주는 것이 필요하다.
- 단기적 기능을 개선한다. 누구나 재난이나 외상 사건을 겪게 되면 그 여파로 여러 가지 심리적 혹은 신체적 반응을 보이게 된다. 또한 장기적으로 문제를 일으킬 수 있는 잘못된 결정이나 행동을 할 수 있다. 따라서 초기 심리적 개입에서 사람들의 단기적 기능을 개선하도록 돕는다.
- 회복을 촉진한다. 외상 사건으로 인한 스트레스를 줄이고 잘 대응하게 하여, 개인의 원래 적응적 기능으로 돌아가는 과정을 촉진하고, 장기적인 스트레스 반응을 보이지 않도록 돕는다.
- 지속적인 도움을 받도록 지원 체계를 연결해 준다. 개개인에 따라 지속적인 도움이 필요할 수 있다. 이런 사람들을 적절한 전문가와 기관으로 연결해 주어 지

속적인 도움을 받도록 해 준다.

이 외에도 경험적인 연구에 따르면, 심리적 응급처치를 받은 사람들이 고통을 덜 느끼고, 이후에 심리적 서비스를 덜 필요로 하며, 알코올 남용도 줄었다는 결과가 보고된 바 있다.

글상자 2

2007년 조사 결과(안현의, 2007)

본 연구에서는 지방 대도시 소재 2개 대학의 대학생과 전문대학원 과정에 다니는 일반인 가운데 위기 사건을 경험한 적이 있다고 보고한 80명(남 25명, 여 55명)으로부터 위기 상담의 필요성 인식과 현재의 외상후 스트레스 증상 수준 등을 알아보았다.

◉ **위기 사건을 경험한 이후에 심리상담전문가를 찾아갈 의향이 있었는가?**

전혀 없다 ←→ 매우 그렇다

0(2명)	1(2명)	2(7명)	3(8명)	4(11명)	5(25명)	6(12명)	7(13명)

◉ **위기 사건을 경험한 이후에 심리상담전문가의 도움을 받는다면 어느 정도의 시간이 지난 후가 적절한가?**

일주일 이내	25명(31.3%)
한 달 이내	43명(53.8%)
3~6개월	11명(13.8%)
6개월 이후	1명(1.3%)

◉ **위기 사건을 경험한 이후에 심리상담가의 도움을 받는다면 어떤 영역에서 도움이 필요하다고 생각하는가?**

정서적 문제(예: 분노, 절망, 우울, 정서적 무감각, 공포, 불안, 죄책감, 슬픔 등)	39.4%
대인관계적 문제(예: 대인 기피, 대인 간 갈등과 마찰, 타인을 향한 공격성, 가족과의 불화 등)	20.6%
인지적 문제(예: 집중력 저하, 의사결정 능력 저하, 기억력 손상, 침입적 사고, 자기비난 등)	17.5%
전문적 정보와 지식(예: 위기 사건을 경험한 이후에 나타난 증상에 대한 이해, 전문적인 도움을 받는 방법 등)	9.4%
신체적 문제(예: 불면증, 피곤함, 지속된 긴장, 현기증, 심장박동 증가 등)	9.4%
행동적 문제(예: 일상적 행동의 변화, 섭식상의 변화, 알코올/약물 사용의 증가, 개인위생 저하 등)	3.8%

4 누가 심리적 응급처치를 할 수 있는가

재난이나 외상 사건이 발생했을 때 심리적 응급처치는 정신건강 전문가, 목사, 의료진, 간호사, 준전문가 및 지역사회 내 자원봉사자에 의해 이루어질 수 있다. 심리적 응급처치는 보통 혼돈스러운 환경에서 제한된 자원을 가지고 이루어지기 때문에, 초기 심리적 개입을 효과적으로 하기 위해서는 소정의 훈련이 반드시 필요하다.

앞으로 이 책에서는 심리적 응급처치를 제공하는 사람을 '심리요원' 이라고 지칭할 것이다. 또한 재난이나 외상 사건에 노출된 사람을 '생존자' 라고 부르고자 한다. 사건에 따라서는 생존자보다 피해자라는 용어가 더 적절할 수 있지만, 피해자라는 용어에는 수동적 존재 또는 희생자로 보는 의미가 담겨 있어 생존자라는 용어를 사용하고자 한다.

BAR.B.Q

chapter 2

재난이나 외상 사건에 대한 반응

재난이나 외상 사건에 노출되거나 목격한 사람들은 대부분 생리적 각성과 함께 다양한 인지적 · 정서적 · 행동적 반응을 보인다. 이러한 반응은 극심한 스트레스 사건을 접할 때 나타나는 자연스럽고 정상적인 변화다. 그렇지만 대부분의 생존자들은 이런 반응이 심한 스트레스 사건 후에 나타날 수 있는 지극히 정상적인 반응이라는 것을 알지 못한다. 그 결과 자신의 상태에 대해 괴로워하고 자신이 이상한 것은 아닌지 두려워하며 우울감을 경험한다. 따라서 초기 심리적 개입에서 생존자에게 심한 스트레스 사건을 겪은 후에 어떤 반응이 나타날 수 있는지 알려 주는 것이 매우 중요하다.

1 급성 스트레스 반응

심각한 스트레스 사건을 겪으면 우리는 신체적 · 인지적 · 정서적 · 행동적 · 영적 영역에서 다양한 변화를 경험하게 된다. 이러한 급성 스트레스 반응은 상황의 심각성에 따라 달라지며, 그 사람의 특성(연령, 성, 기질 등)은 물론 사회문화적 배경에 따라서도 달라진다. 성격 특성이나 과거 정신병력 등의 소인이 있을 때 스트레스 반응이 더 심해지고, 경과도 악화될 수 있다.

(1) 신체적 변화

투쟁/도피 반응은 신체가 위협을 느꼈을 때 대응할 수 있도록 신체적 에너지를 방출하는 방향으로 신체적 변화가 일어나는 것을 말한다. 이때 자율신경계가 각성되어 아드레날린이 방출되고, 심장박동 수가 빨라지며, 혈압이 올라가고, 숨이 가빠지며, 땀을 흘리는 반응이 나타난다. 이 외에도 입술이 떨리고, 위가 뒤틀리며, 속이 메스껍거나 오한이 일어나기도 한다. 또한 스트레스가 지속될 때 불면증 또는 수면장애, 전신피로, 두통이나 눈의 피로, 소화문제, 근육통 등을 경험하기도 한다.

(2) 인지적 변화

시각이 좁아지고 생각이 협소해진다. 심각한 스트레스 사건을 당할 때 흔히 믿어지지 않고 멍하거나 머릿속이 혼란스러운 경우도 많다. 생각을 정리하기가 어렵고 집중하기 힘들며, 머릿속으로 온갖 생각이 스쳐 지나간다. 이때 가장 먼저 떠오르는 생각이 가장 좋은 해결책이 되지 못하는 경우가 많다. 심한 스트레스를 받는 사람들은 다른 사람들과 적절히 의사소통하기 힘들며, 잘 기억하지 못한다. 심한 경우, 사람, 시간, 장소에 대한 파악 능력이 손상될 수 있다.

이와 함께 외상적 사건 후에는 사건과 관련된 생각이나 이미지 등이 침습적으로 떠오를 수 있으며, 때로는 마치 사건이 현재 일어나고 있는 것 같은 플래시백 경험을 할 수도 있다.

또한 세상에 대한 기존의 믿음 체계가 흔들리게 된다. 자신이 살아가는 세상이나 인생이 일관성이 있다거나 의미를 지닌다는 것을 믿을 수 없게 된다. '아무 것도 믿을 수 없어.' '이런 끔찍한 일이 일어난 것을 보면 내가 뭔가 이런 일을 당할 만한 잘못을 했을 거야.'라고 생각하는 사람이 많다. 심각한 스트레스에 뒤따라 일어나는 이러한 생각은 시간이 지나면서 점차 변하게 된다.

(3) 정서적 변화

대체로 처음에는 재난이 현실이 아닌 것처럼 느끼고 부인하며, 때로는 쇼크 상태에서 무반응을 보이거나 격리감을 느낄 수도 있다. 그리고 시간이 지남에 따라 억압하거나 부정했던 감정이 표면으로 떠오르면서 다양하고 복잡한 감정을 경험하게 된다. 괴롭고, 마음이 상하고, 억울하며, 화나고, 죄책감을 느끼며, 끔찍하고, 불행하게 느끼는데, 이러한 감정이 너무 압도적이어서 무기력하게 느낄 수 있다. 이 외에도 안절부절못함, 두려움, 무력감, 애도의 감정 등 다양한 감정을 느낄 수 있다. 또한 극단적이고 예측 불가능한 자신의 상태를 보면서 자신이 미치지나 않을까 두려워하며 사람들로부터 멀어지기도 한다.

(4) 행동적 변화

시각이 좁아짐에 따라 행동도 경직될 수 있으며, 때로 넋이 나간 듯이 행동하기도 한다. 융통성이 적어짐에 따라 성마름이나 분노 반응이 생겨나고, 이것이 의심으로 이어지기도 한다. 일이 잘 풀리지 않을 때는 비난할 대상이나 희생양을 찾기도 한다. 또한 주위 사람들과 의사소통이 잘 안 되고 과민해지기도 하며, 외부로부터 철수되기도 한다. 스스로를 무용지물처럼 느끼고 무력감을 느껴 안절부절못하기도 한다. 재난이나 외상사건을 경험한 직후에는 사건과 관련된 장소나 사람들을 피하려는 회피나 철수 반응이 일어나는 경우도 많다.

(5) 영적 변화

어떤 사람은 외상 사건에서 영적인 의미를 찾으려고 노력하며 기도한다. 또 다른 사람들은 왜 이런 일이 일어났는지 의아해하며 믿음에서 멀어지기도 한다. 사람에 따라서 삶에 대한 새로운 의미를 발견하기도 하고, 반대로 미래에 대한 희망을 잃어

버리기도 한다.

➡ 다음과 같은 해리 반응을 지속적으로 보인다면 추후 외상후 스트레스 증상을 보일 위험이 높기 때문에 특별한 관리가 필요하다.

- 마비, 정서적 반응을 보이지 않음
- 주변을 인식하는 데 어려움을 보임(예: 넋이 나간 듯함, 멍한 상태)
- 현실 세계가 실제같이 느껴지지 않음(현실감 상실)
- 자신의 몸과 정신이 분리된 것같이 느끼거나 자신의 정체성 또는 자기에 대한 혼란을 보임(이인증)
- 자신이 경험한 일들의 중요한 부분을 기억하지 못함(기억상실)

글상자 1

외상후 스트레스 장애(Post Traumatic Stress Disorder: PTSD)

'외상후 스트레스 장애'는 1980년 처음으로 미국정신과학회의 『정신장애 진단 및 통계편람(DSM-III)』에서 정신장애로 인정되었다. PTSD는 다른 정신장애와는 달리 진단 기준에 "외상적 사건에 대한 노출이 극심한 불안을 유발한다"는 조항이 포함되어 있다. DSM-III에서는 외상적 사건을 전쟁, 자연재해, 강간, 비행기 추락, 테러리스트의 습격 등 "인간의 경험 영역을 벗어나는 것"으로 엄격하게 제한하였으나 최근에는 자동차 사고나 사랑하는 사람의 죽음과 같은 사건도 포함할 수 있도록 확장되었다. 이는 PTSD의 일차적 원인은 사건이지 사람에게 있는 것이 아니라는 공론을 반영한 것이다.

한편 경험적 연구에 따르면, 신체적 상해를 입힌 외상적 사건을 경험한 사람들 중에서 단지 25%만이 PTSD를 보이는 것으로 보고되어 외상적 사건 그 자체만이 PTSD의 유일한 원인이라고는 볼 수 없다는 견해도 나오고 있다. 최근에는 심각한 스트레스를 경험하였는데도 PTSD를 일으키지 않는 사람과 장애를 일으키는 사람들을 구분해 주는 요인을 찾는 데 집중되고 있다.

PTSD의 증상은 일반적으로 외상 사건 이후 즉시 나타난다. 그러나 개인에 따라서는 잠복기가 있기도 하다. 사건이 일어난 후 며칠이나 심지어는 몇 달 동안 증상을 보이지 않다가 이후에 증상이 나타나기도 한다. 많은 경우에 증상은 약 6개월 내에 자연스럽게 없어지지만 어떤 경우는 몇 년 동안 지속될 수도 있다.

PTSD의 증상은 다음 네 가지의 주요 범주로 나타난다(DSM-5).

1. 외상적 사건의 재경험: 외상적 사건을 일상생활 속에서 재경험한다.

- 사건에 대한 고통스런 기억이 반복적이고 침투적으로 떠오른다.
- 사건과 관련된 고통스러운 꿈을 반복적으로 꾼다.
- 외상적 사건이 실제로 일어나는 것처럼 느끼고 행동한다(예: 플래시백)
- 사건과 관련된 단서를 접하면 심리적으로 매우 고통스럽다.
- 사건과 관련된 단서를 접하면 땀이 나거나 심장이 뛰는 등 생리적 반응을 보인다.

2. 회피증상: 외상과 관련된 불쾌한 기억과 감정을 차단하기 위해 나타난다.

- 외상과 관련된 기억, 생각, 감정을 회피하거나 회피하려고 노력한다.
- 외상을 다시 생각나게 하는 사람, 장소, 대화, 활동, 대상, 상황 등을 피하려고 한다.

3. 인지와 기분의 부정적인 변화: 자신과 세상에 대해 부정적 신념, 기대, 감정을 느낀다.

- 외상의 중요한 측면을 회상할 수 없다.
- 자신이나 타인, 세상에 대한 과장된 부정적 신념이나 기대를 지속적으로 가진다.
- 외상의 원인이나 결과에 대해 왜곡되게 스스로를 혹은 남을 비난하는 인식이 지속된다.
- 지속적으로 두려움, 공포나 분노, 죄책감, 수치심과 같은 부정적 감정을 느낀다.
- 중요하거나 의미 있는 활동에 대한 관심이나 참여가 현저하게 줄어든다.
- 다른 사람들과 거리감을 느끼고, 고립되었거나 소외된 느낌을 가진다.
- 행복감, 만족감, 사랑하는 느낌 등의 긍정적 감정을 지속적으로 느끼지 못한다.

4. 지나친 각성 증상: 외상 이후 항상 위험에 처한 것처럼 조마조마하게 느끼고 경계함

- (사소한 자극에도) 짜증스러운 행동이나 분노가 폭발한다.
- 무모하거나 자기파괴적인 행동을 한다.
- 위험하지 않을까 지나치게 살핀다.
- 아주 잘 놀란다.
- 집중하기가 어렵다.
- 잠이 들거나 잠을 유지하기 힘들다.

2 재난 후 반응 단계

심각한 재난이나 외상 스트레스에 노출된 사람들은 대개 다음과 같은 반응 단계를 거친다고 알려져 있으며, 따라서 각 단계에 맞는 초기 심리적 개입이 이루어져야 한다.

(1) 충격 단계 혹은 급성 단계(0~48시간): 사건이 일어난 직후의 단계

흔히 관찰되는 행동으로 투쟁/도피 반응이 일어나며, 얼어붙거나 항복하는 등의 행동을 보인다. 투쟁/도피 반응은 우리 몸이 신체적인 활동을 할 수 있도록 준비시키는데, 자율신경계가 각성되어 아드레날린이 분비되고, 그 결과 심장박동이 증가되며, 혈압이 올라가고, 숨이 가빠지면서 땀이 난다. 이 외에도 입술과 손이 떨리며, 소화 기능이 떨어져 속이 불편하며 메스껍고, 한기를 느끼기도 한다.

심한 스트레스 사건이 일어날 때 사람들은 대개 자신의 주위에서 일어나는 모든 일이 정말 현실에서 일어나는 일인지 믿지 못하고 마치 영화에서나 다른 사람에게 일어나는 일처럼 멍하니 바라보게 된다. 멍한 반응은 일종의 쇼크 상태로 볼 수 있다. 또한 두려움에 얼어붙기도 하지만, 대부분 살아남기 위해 필요한 행동을 한다. 시야가 협소해져서 이성적으로 생각할 수 있는 능력이 떨어지고, 집중하기 힘들다. 이 단계에서는 행동이 경직되고, 사람들과의 의사소통이 잘 안 될 수 있다.

(2) 구출 단계 혹은 반응 단계(0~1주)

사건이 발생한 후 약 일주일 이내의 단계로서, 재난 전문가에 따라서는 이 단계를 영웅기, 밀월기, 환멸기로 나누어 구분하기도 한다(DeWolfe, 2000). 구출 단계에 접어들면 사람들은 충격에서 벗어나 다른 사람을 돕고, 구조활동에도 참여하는 등 행동을 하기 시작한다. 이때 생존자들은 자신이 살아 있다는 것만으로도 큰 기쁨을 느끼고, 무엇이든 다 할 수 있을 것 같은 전능감을 경험한다. 이 시기를 '영웅기'라고 한다. 이 시기의 주요 심리적 요구는 안정감이다.

그 후 재난 지역과 생존자들에게 사회적 관심이 집중되고, 대중매체가 구출담이

나 재난 경험을 보도함으로써 마치 자신이 세상의 중심에 서 있는 것과 같이 느끼기도 하는데, 이 시기를 '밀월기'라고 한다. 이때 생존자들은 에너지가 넘치고, 생리적으로도 각성되어 신체적 활동을 활발히 하게 된다. 그러나 인지적 기능은 떨어져 있어 집중하기 힘들며, 이해력과 문제해결력도 떨어지고, 우선순위를 잘 정하지 못해 효율성은 전반적으로 낮다. 이 시기에 안전을 충분히 고려하지 않고 행동함으로써 이차적인 부상을 입기도 한다.

시간이 지나면서 재난 현장에 쏟아졌던 관심은 줄어들고, 생존자들은 기대했던 보상이나 보험금을 타는 데 많은 규정과 제한이 따르며, 재난 피해를 복구하는 일이

지연되는 것에 대해 실망과 환멸을 느끼게 된다. 이 시기를 '환멸기' 라고 한다. 환멸기는 재난 직후 7~8일 후 시작되어 7~8주, 때로는 수년 동안 계속될 수 있다. 생존자들은 재난을 통해 잃은 모든 것을 결코 되찾을 수 없음을 깨닫고, 깊은 상실감과 슬픔을 경험한다. 이때쯤 신체적 에너지도 고갈되어 피로감이 몰려오고, 일상의 리듬이 깨졌던 후유증이 몰려와 신체적으로 소진된다. 가족들끼리 작은 일에 언성이 높아지고 갈등이 생겨나며, 때로는 가정폭력이 나타나기도 한다.

이 단계에서 생존자들은 이전 단계에서 억압되었거나 부정되었던 반응을 보이기도 한다. 여러 감정에 압도되어 무력감을 느끼고, 사건이 일어난 현장에 돌아가는 것을 두려워하며, 악몽이나 불안 및 불면증에 시달리기도 한다. 또한 재난 사건에 대해 반추하고, 긴장되어 몸이 뻣뻣해지며, 떨림이나 갑자기 놀라는 반응이 나타난다. 피로감을 느끼며, 쉽게 짜증을 내고, 혼자 있고 싶어 하며, 우울해한다. 자신이 살아난 것에 대해 안도를 느끼다가도 갑자기 죄책감에 시달리기도 한다. 또 재난 현장에서 겪었던 여러 일들이 플래시백으로 나타나기도 한다. 대개 생존자들은 멀쩡하게 있다가도 갑자기 눈물을 흘리는 등 기분이 자주 바뀌어 당황해하고, 자신이 취약하게 보여 무능감과 통제 불능감을 느끼며, 다른 사람들의 부정적인 평가를 염려하기도 한다. 또한 사람들과 세상에 대해 분노를 느끼는데, 그런 일이 일어났다는 것에 대해, 보호받지 못하고 이해받지 못했다는 것에 대해 분노를 느끼며, 점차로 분노를 느끼는 대상이 넓어져 자신에게 일어난 일을 가볍게 여기는 주위 사람들에 대해서도 분노를 느끼며 거리감을 두기도 한다.

(3) 회복 단계(1~4주)

사건이 일어난 후 약 1주에서 4주간의 기간이 이에 해당되며, 구출 단계에서의 반응과 비슷한 스트레스 반응이 계속 나타난다. 그렇지만 반응의 강도는 점차 약해져서 생존자가 괴로워하던 감정과 생각을 추스르기 시작한다. 일상생활에 대한 관심이 조금씩 살아나며, 미래에 대한 계획을 세우기 시작한다. 생존자들은 신체적으로나 정서적으로 회복되기 시작하며, 재난으로 파괴되었던 건물이나 도로도 조금씩 복구되기 시작한다. 이 과정에서 실망하는 일도 있지만, 회복하고자 노력했던 일들이 때로는 작게, 때로는 크게 성과를 거두며 삶의 의욕을 되찾는다.

(4) 재통합 단계(2주~2년)

사건이 일어난 후 약 2주에서 2년까지의 기간으로, 개인에 따라 재통합에 걸리는 시간이 달라진다. Weaver(1995)는 "우리가 재난을 겪었다는 단지 그 이유만으로 손상을 입지는 않는다. 그렇지만 그 일로 우리는 변화한다."라고 말했다. 이 단계에서는 스트레스 반응이 더 이상 나타나지 않으며, 재난이나 외상 사건을 받아들이고 자신의 삶에 통합한다. 그렇지만 이 과정은 개인의 대처 역량이나 사회적 지지에 따라 달라진다. 이 단계에서 여전히 어려움을 겪고 있는 사람은 치료에 의뢰하여 증상을 감소시키고, 기능을 증진하도록 도와야 한다.

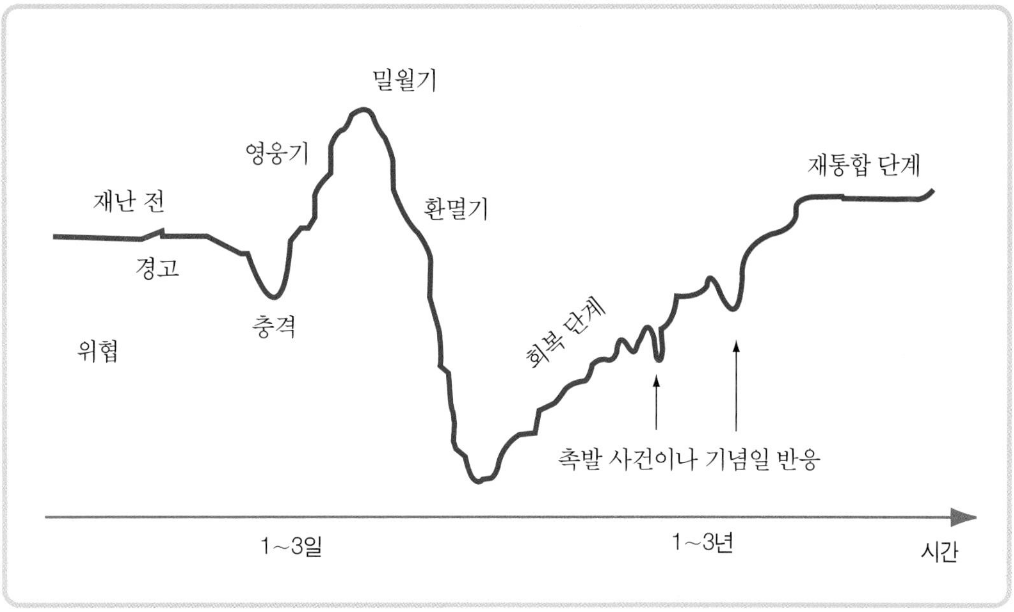

[그림 2-1] 재난 후 반응 단계

3 재난 생존자의 경험

Hodgkinson과 Stewart(1991)는 재난 생존자가 겪게 되는 경험의 핵심적 특징을 다음과 같이 다섯 가지로 요약하였다.

(1) 죽음에 대한 각인

생존자들은 지울 수 없는 죽음에 대한 이미지를 수시로 경험하는데, 깨어 있을 때도 불시로 떠오르며, 밤에는 악몽으로 나타난다. 동강 나거나 으깨진 신체 부위, 비명, 몸에서 흐르는 피, 살이 타는 냄새 등이 플래시백으로 나타난다.

(2) 죄책감

생존자들은 자신이 살아남은 것에 대한 실존적인 죄책감과 함께 재난 현장에서 했던 자신의 행동에 대해 죄책감을 느낀다. 자녀를 잃고 자신만 살아난 사람이나 여러 사람 중에 자신만 살아난 사람들은 죄책감을 더 크게 느낀다. 생존자의 죄책감은 자신에게 선택권이 있고, 그것을 행사할 수 있었다는 가정에 기초하지만, 이는 실제 재난 현장에서는 그럴 만한 여력이 없다는 사실을 인정하지 않는 것이다. 자기비난에는 행동에 대한 비난과 성격에 대한 비난의 두 가지가 있다. 행동에 대한 비난은 자신이 어떤 행동을 하지 말았어야 했는데, 혹은 어떤 행동을 했어야 했는데 하고 생각하는 것이다. 대개는 어떤 행동을 한 것에 대해 죄책감을 느끼기보다, 자신이 하지 않은 행동에 대해 더 큰 죄책감을 느낀다. 이에 비해 자신의 성격이 어떠하기 때문이라고 비난하는 것은 더 부적응적이다. 생존자가 죄책감을 느끼는 경우 사람들로부터 더 철수되기 쉬우며, 다른 사람에게 도움을 받지 않고 대처하려는 경향이 있고, 외상후 스트레스 장애(PTSD)가 나타날 가능성이 더 높다.

(3) 심리적 마비

마비는 생존자가 재앙적 파괴나 죽음, 거대한 개인적 위협을 경험하는 것으로부터 자신을 보호하는 일종의 방어적 책략이다. 이것은 재난 증후군에서 가장 처음 나타나는 증상으로 재난 직후에 나타난다. 관찰자들이 보기에는 생존자가 현저하게 침착한 행동을 하는 것으로 보일 수 있다. 그렇지만 사실은 반응을 보이기 시작하지도 않은 것이다. 그들은 마치 다른 사람의 경험을 침착하게 관찰하는 사람처럼 행동한다. 단기적으로는 이런 억압, 부정, 격리가 자연스럽고도 필요한 반응이지만, 사람에 따라서는 이것이 지속되기도 하며, 재난 경험을 극복하는 데 방해가 되기도 한다.

(4) 도움에 대한 갈등

다른 사람들이 도와주는 것에 대해 의심하고, 신뢰하지 못하며, 그런 도움을 거짓된 것으로 생각하는 경향을 보인다. 생존자들은 자신의 경험에 대해 매우 특별하게 생각하면서 다른 사람들은 결코 이해하지 못할 것이라며 자신들끼리 소그룹을 형성하기도 한다. 생존자 특유의 정체성을 가지고 다른 사람에 대해 분노나 일종의 집단행동을 보임으로써 통제감을 얻기도 한다. 그렇지만 이런 태도가 생존자를 얼어붙게 하고, 계속해서 '피해자'로 살아가게끔 만들기도 한다.

(5) 의미에 대한 추구

생존자들은 재난을 설명하고, 이것에 대한 숙달감을 얻기 위해 그들의 경험을 개념화하려는 노력을 한다. '개념화(fomulation)'는 심리적 처리과정의 핵심과정이다. 그 일이 왜 일어났는지, 그 사람에게 어떤 의미를 지니는지, 이것이 인생에 대해 무엇을 말해 주는지 등의 질문에 대해 나름대로 답을 찾게 된다.

4 심리적 응급 사태 및 위기에 대한 대처

심리적 응급 사태 및 위기의 가장 중심적인 특징은 평소에 대처하던 방식이 이 새로운 사태를 해결해 나가는 데 적절치 않다는 점이다. 그 결과 생존자는 덫에 걸린 것과 같이 꼼짝도 못할 것처럼 느껴 무력감과 무능감을 경험하게 된다.

Caplan(1964)은 위기에 대한 효과적인 대처방법을 다음의 일곱 가지로 요약하였다.

- 현실적인 문제를 적극적으로 탐색하고, 정보를 구한다.
- 긍정적인 감정이나 부정적인 감정을 자유롭게 표현하고, 좌절을 감내한다.
- 다른 사람들에게 적극적으로 도움을 구한다.
- 문제를 감당할 수 있는 작은 부분으로 나누고, 한 번에 한 가지씩 다룬다.
- 피로감과 혼란 상태에 빠지는 경향성을 자각하고, 통제감을 유지하도록 노력한다.
- 가능한 한 감정을 소화하고, 필요하다면 감정을 있는 그대로 받아들인다.
- 자신과 다른 사람을 신뢰하고, 낙관적으로 앞날을 바라본다.

Caplan의 대처방법은 크게 다음의 세 가지 범주로 나누어 볼 수 있다.

- 스트레스가 되는 일을 변화시키는 것
- 상황에 대한 시각이나 관점을 바꾸는 것
- 스트레스 사건이 지나가거나 조금 덜 힘들어질 때까지 견디는 것

스트레스 사건에 효과적으로 대처하기 위해서는 부정적인 상황을 변화시키려는 노력과 변화시킬 수 없는 부분에 대한 수용이 균형을 잘 이루어야 한다.

사람들마다 스트레스 사건에 대처하는 방법은 제각각 다르다. 극심한 스트레스를 받았을 때 세 끼 식사를 챙겨 먹고, 잠을 자는 것과 같이 기본적인 필요가 충족되도록 도움을 받아야 하지만, 스트레스에 대처하기 위해서 각자가 자신에게 가장 잘 맞는 방법을 선택해서 대처하는 것이 중요하다. 심리요원은 자신이 제안하는 것이 더 나은 방법이라고 강조하기보다, 그 사람의 강점을 활용해서 스트레스에 대처하도록 도와야 한다. 재난 현장에서는 다음과 같은 다양한 대처방법이 사용될 수 있다.

- 다른 사람에게 도움을 구한다.
- 아픈 곳이 없는지 살펴본다.
- 몸을 씻는다.
- 다른 사람에게 현재 상황이나 자신의 경험을 이야기한다.
- 질문이 있으면 직접 물어본다.
- 친지에게 전화를 건다.
- 정보를 구한다.
- 위험이 지나갈 때까지 숨는다.
- 주의를 분산한다.
- 신체적인 활동을 한다.
- 가까운 사람의 안부를 알아본다.
- 남아 있는 소지품을 챙긴다.
- 부서진 것을 수리하기 시작한다.
- 평소에 하던 종교적인 활동(예: 기도, 독경 등)을 한다
- 할 일을 정하고 계획을 세운다
- 고인(故人)의 빈소를 마련하고, 장례를 치른다.

5 상실에 대한 반응

모든 재난 현장에서 상실은 가장 흔하게 일어난다. 가까운 사람이 죽는다든지, 재산을 잃는다든지, 집이 무너지는 등 여러 형태로 나타난다. 이러한 상실에 대한 다양한 반응을 파악함으로써 생존자들을 더 잘 이해하게 되고 도울 수 있다.

(1) 부인, 최소화, 멍함, 쇼크

외상 사건에 부인, 최소화, 멍함, 쇼크와 같은 반응을 보임으로써 일시적으로 상실감을 줄일 수 있다. 이러한 반응이 '관심이나 애정의 결여'로 해석되어서는 안 된다. 상실을 인정하고 대처하는 역량이 생겨나면 이러한 반응은 점차로 줄어든다.

(2) 죄책감

가까운 사람의 죽음이나 사고를 예방하지 못한 것에 대해 죄책감을 느끼고, 자신의 책임을 다하지 못한 것에 대해 자책한다. 거의 모든 사람들이 재난이나 외상 사건을 당할 때 죄책감을 느끼지만, 비합리적으로 과도한 죄책감이 지속될 경우 우울증으로 이어질 수 있으므로 주의를 요한다.

(3) 우울감이나 슬픔

수면 습관이 변하거나 식욕이 떨어지면서 우울감을 느낀다. 에너지가 줄어들고 집중력도 떨어지며, 우는 반응이 자주 나타난다. 또한 외로움과 공허감을 느끼며, 다른 사람과 접촉을 멀리하고, 자기 연민에 빠지기도 한다.

(4) 분 노

분노는 모든 종류의 상실 경험 후에 일어나는 매우 자연스런 감정이지만, 분노를 느끼는 것이 본인에게는 혼란스럽게 여겨지기도 한다. 망자가 자신을 버린 것에 대해, 또 신이나 삶에 대해 분노를 느끼지만 겉으로는 부인하거나 표현하지 않기도 한다. 분노 이면에는 자신이 할 수 있는 것이 아무 것도 없었다는 것에 대한 좌절감과 무기력감이 숨어 있는 경우가 많다.

(5) 수 용

재난이나 외상 사건을 받아들이기까지 시간이 걸리지만, 받아들이게 되면 치유가 되며, 상실을 삶에 통합하게 된다. 회복할 수 없는 상실에 적응하는 과정은 힘들다. 이때 주위 사람들이 음식을 만들어 가져다준다든지, 옆에 있어 준다든지, 이야기를 들어 주는 등 다양한 형태의 지지와 지원을 해 주는 것이 상실을 극복하는 데 큰 도움이 된다.

글상자 1

복합비애(complicated grief)

사별로 인한 슬픔의 지속 기간이나 증상의 강도가 사회적으로나 문화적으로 용인되는 수준이라면 정상적인 슬픔으로 간주된다. 그러나 사별 이후의 슬픔이나 고통이 일정 시간이 지나도 경감되지 않고, 지속적으로 정신적 혹은 신체적인 손상을 가져올 때 이를 '병리적' '외상적' '지속적' 비애로 본다. 최근에는 사별 후 정상적인 애도 과정을 벗어나 인지적, 정서적, 행동적 부적응을 야기하는 비애 반응을 복합비애(complicated grief) 혹은 지속성 비애 장애(prolonged grief disorder)라는 개념으로 다루기 시작했다. 아직까지 공식적인 진단체계 내에 포함되지 않았지만, DSM-5에서는 지속성 복합사별 장애로 추후 연구가 필요한 임상적 상태의 하나로 기술하고 있다.

지속성 복합사별 장애에서 나타나는 특징

- 고인에 대한 지속적인 갈망이나 그리움을 나타냄
- 죽음에 대한 반응으로 강렬한 슬픔과 정서적 고통을 겪음
- 상실을 넘어선 불신 혹은 정서적 둔감성
- 고인 혹은 죽음과 관련된 부적응적인 자기 평가(예: 자기 비난)
- 상실을 떠오르게 하는 것들을 과도하게 회피함
- 고인과 함께 할 목적으로 죽기를 소망함
- 다른 사람을 신뢰하기 어려워하고, 다른 사람들로부터 분리되거나 혼자인 느낌
- 고인 없이는 삶이 의미 없거나 텅 빈 느낌, 또는 제대로 기능할 수 없을 것이라는 신념
- 삶에서 자신의 역할에 대한 혼란스러움, 혹은 자신의 정체성이 약화된 느낌
- 상실 이후 흥미추구의 어려움 또는 감소, 미래에 대한 계획 수립의 어려움 또는 감소

chapter 3

심리적 응급처치의 원리 및 목표

심리적 응급처치는 재난이나 외상 사건에 노출된 사람들을 돕는 단기간의 적극적인 조력과정이다. 주목적은 생존자들의 안정을 도모하고, 초기의 고통을 경감하며, 정상적인 회복을 촉진하는 것이다. 따라서 상담이나 심리치료와는 그 원리와 접근방식이 다르다고 볼 수 있다. 심리적 응급처치에서는 생존자들이 정상적인 기능을 회복할 것을 기대하며, 사건이 발생한 곳에서 가까운 장소에서 필요가 발생할 즉시 제공하도록 한다. 사건의 경과 단계에 따라 생존자들의 필요가 변화하기 때문에 사건 발생 후 어느 정도 시간이 지난 시점인지 파악하고, 어떤 사람에게 어떤 심리적 혹은 실질적 도움이 필요한지 잘 평가하여 그 사람의 필요에 맞는 개입을 하는 것이 중요하다.

1 심리적 응급처치의 원리

심리적 응급처치는 필요에 따라 받아들일 수 있는 방식으로, 가능한 한도에서 전문성을 가지고 제공되어야 한다. 심리적 응급처치는 단기간의 적극적인 조력과정이다.

다음은 미국 National Center for PTSD에서 발행한 『심리적 응급처치 매뉴얼(Psychological First Aid Manual)』(2006)에 제시된 심리적 응급처치의 원리다.

- 심리적 응급처치의 중심 원리는 대부분의 사람이 정상적으로 회복할 것을 기대하는 것이다. 심리적 응급처치를 포함한 초기 심리적 개입의 기본적인 가정은 재난을 겪은 대부분의 사람들이 정상적으로 회복한다는 것이다. 재난 직후에는 많은 사람들이 일시적인 스트레스 반응(34쪽 참조)을 보이지만, 이것은 예측 가능한 변화이며, 시간이 지나면 대개 특별한 개입이 없어도 사라진다. 그렇다고 이들에게 심리적이고 실질적인 도움이 필요 없다는 뜻은 아니다. 정상적인 상태로 돌아오게 해 주는 내적인 탄력성이나 강인함을 가지고 있다면, 초기 심리적 개입은 이러한 자연적인 회복을 돕는 과정이라는 의미다.
- 효과적인 응급처치는 개인이나 집단 혹은 시스템에 대한 주의 깊은 평가에 기초해야 한다. 재난 후 심리적 개입은 생존자의 고통이 극심하거나 자기 앞에 놓인 여러 과제나 도전을 감당하지 못할 만큼 기능이 저하되었을 때 하는 것이 가장 효과적이다.
- 위기 개입은 사건 후 경과 단계에 따라 달라져야 한다(104쪽 참조).

2 심리적 응급처치의 원칙

심리요원들은 간혹 상담의 원리를 재난 현장에 그대로 적용하려는 우를 범하기 쉽다. 그 결과 부적절한 순간에 부적절한 장소에서 생존자에게 상담 사례를 대하듯 접근하여 불신과 두려움을 주어 잘못된 이미지를 심어 줄 수 있다. 다음은 심리요원들이 명심해야 하는 심리적 응급처치의 원칙이다. 특히, 근접성, 즉시성, 기대성의 원칙은 급성 스트레스 반응을 다루는 데 널리 사용되어 온 원칙이다.

(1) 근접성

심리적 응급처치는 재난 혹은 외상 사건이 발생한 지점에서 근접한 곳에서 이루어질수록 좋다. 또한 심리요원들은 생존자들에게 접근 가능한 장소에 있어야 한다. 가까운 곳에서 개입함으로써 생존자들이 다시 삶의 현장으로 돌아갈 수 있도록 도와준다.

(2) 즉시성

생존자들에게 필요가 생길 때 즉시 개입해야 한다. 즉시 개입할 때 생존자들은 정상적인 기능으로 되돌아갈 가능성을 가장 높이게 된다. 심리적 응급처치에서는 시간적으로 매우 급박하게 계획을 세우고, 이를 실행에 옮기도록 한다.

(3) 기대성

심리적 응급처치는 생존자가 보이는 반응이 보통 사람이면 누구나 보일 만한 지극히 정상적인 반응이라고 가정하고, 이에 더하여 이들이 곧 원래의 기능으로 돌아갈 수 있다는 것을 기대하면서 행해져야 한다. 또한 이러한 기대를 가지고 응급처치를 했을 때 서비스를 받은 사람이 원래의 적응 상태로 돌아가기가 쉽다. 상담의 배경을 가지고 있는 심리요원은 생존자의 반응을 병리화하기 쉬운데, 이러한 태도는 오히려 스트레스 반응이 장기화되도록 이끈다.

(4) 전진성

심리요원들은 가만히 앉아서 생존자들이 도와 달라고 올 때까지 기다리지 말고, 도움을 필요로 하는 사람을 찾아 나서야 한다. 이것은 생존자에게 심리적 도움을 받으라고 강요하라는 것이 아니라 기본적인 접촉의 가능성을 열어 놓는다는 의미다. 상담자로서 일해 온 심리요원은 이런 상황에서 '우리가 무엇을 할 수 있을까?' '상황을 더 악화시키지는 않을까?' '기다리는 것이 더 낫지 않을까?'라고 생각하기 쉽지만 현실은 그렇지가 않다. 심리요원들은 재난 초기 단계에서 생존자에게 접촉함으로써 관계를 형성하고 실제적인 도움을 주도록 한다.

(5) 혁신성

새로운 상황을 다루기 위해서 창의적이고 혁신적으로 접근해야 한다. 생존자들은 보통 어떠한 선택도 남아 있지 않다고 느끼며, 압도적인 상황으로 인해 기동성이 떨어져 있는 상태다. 다양한 대안과 대처방법 및 긍정적이고 확산적인 사고를 시도해 보는 것이 필요하다.

(6) 단순성

재난 상황에서는 짧고 단순한 개입이 효과적이다. 생존자들은 혼란과 무력감을 느끼며, 주의나 사고의 폭이 상당히 좁아져 있다. 따라서 전문 용어나 심리치료적 기법의 사용은 적절하지 않다.

(7) 실용성

개입은 구체적이고 실용적이어야 한다. 재난 현장 자체가 혼란스럽고 압도적이기 때문에 개입의 방향과 목표를 현실에 맞춰 구체적으로 설정하는 것이 좋다.

(8) 유연성

재난 현장에서는 예상하지 못한 사건과 상황이 자주 발생한다. 급박하게 돌아가는 상황을 주시하고 파악한 후 상황에 맞게 유연하게 대처해야 한다.

(9) 비밀 보장

생존자들은 스스로를 '이상한 사람' 혹은 '미쳐 가고 있는 사람'으로 보기 쉽다. 심리요원들은 재난 현장에서 이들의 반응이 지극히 정상임을 알려 주고, 개입의 내용에 대해 비밀 보장을 해 주어야 한다. 또한 비밀 보장이 된다는 것을 생존자에게 확인시켜 주는 것이 좋다.

글상자 1

초기 심리적 개입에 대한 전문가들의 합의점

미국정신보건원(2002)에서는 초기 심리적 개입(EPI)에 대한 전문가들의 논의를 통해 다음과 같은 점에 동의했다.

1. 대형 재난과 폭력 사고의 생존자들은 대부분 정상적인 회복을 할 것으로 예상되지만, 필요한 사람에게는 초기 심리적 개입이 제공되어야 할 근거가 있다.
2. 개입은 각 단계에 맞추고, 통합되어야 하며, 다요소를 포함해야 한다.
3. 추수적 서비스(follow-up services)는 다음과 같은 사람들에게 고려되어야 한다.
   ① 사고로 친지를 잃은 사람
   ② 기존에 정신과 장애를 가지고 있던 사람
   ③ 의학적 처치 혹은 수술을 요하는 사람
   ④ 급성 스트레스 장애를 보이는 사람
   ⑤ 장기적 재난이나 심한 재난에 노출된 사람
   ⑥ 서비스를 요청하는 사람
4. 초기 심리적 개입은 정신건강 전문가, 목사, 의사나 간호사, 준전문가, 지역사회 자원봉사자에 의해 제공될 수 있다.

글상자 2

초기 심리적 개입에 대한 미국 재난 자원봉사자 협회의 견해

미국재난자원봉사자협회(National Volunteer Organizations Active in Disaster: NVOAD)에서는 2005년에 다음과 같은 사항을 합의 사항으로 발표했다.

1. 초기 심리적 개입(이하 EPI)은 가치가 있다.
2. EPI는 생존자들의 필요를 충족시키기 위해 다요소 시스템이어야 한다.
3. EPI를 위한 특수훈련이 필요하다.
4. EPI는 사건 전 준비부터 필요한 경우 사건 후 심리치료를 제공하는 것까지 심리적 돌봄의 연속선상에서 한 지점에 있는 개입이다.
5. EPI를 효과적으로 제공하기 위해서는 협동, 의사소통, 조정, 협력 작업이 중요하다.

3 위기 개입 모델

재난이나 극심한 스트레스 사건 현장에서는 다양한 문제가 발생한다. Myer와 James(2005)의 6단계 모델을 보완한 다음의 모델을 사용하여 문제를 해결하는 것이 도움이 된다.

① 라포를 형성하고, 문제를 정의한다

심리요원은 배려하는 마음을 가지고 생존자에게 접근하여 라포를 형성한다. 이와 함께 생존자의 관점에서 문제를 정의한다. 문제를 정의할 때는 가능한 한 구체적이고 특정하게 정의하는 것이 좋다.

② 안전을 도모한다

재난이나 심한 스트레스 상황에서는 폭력의 위험이 언제나 존재하기 때문에, 처음부터 끝까지 생존자, 주변 사람, 또 그 자신의 안전을 염두에 두어야 한다. 직접적으로 자살이나 타살의 위험이 있는지 평가하여야 하며(제10장 글상자 8 '자살 위험 평가' 참조), 안전을 도모하기 위한 즉각적인 조치를 취하도록 한다. 생존자가 안전한 행동을 취하고, 치명적인 행동에서 멀어질 때 그 행동 자체가 완전히 적응적이지 않더라도 즉각적인 보상을 해 주어야 한다.

③ 지원을 제공한다

보통의 상담 상황에서보다 직접적으로 지지를 제공한다. 특히, 심리요원은 자신도 모르게 생존자를 수동적인 위치에 둘 수 있는데, 생존자가 힘을 되찾을 수 있도록 지원해 주는 것이 중요하다.

④ 다양한 차선책을 찾는다

생존자들은 심한 스트레스로 인해 무력화되어 보통 어떠한 차선책도 남아 있지 않다고 느낀다. 따라서 대안책을 찾기 위해 다양한 방법—상황적인 지원, 다양한 대처방법의 시도, 긍정적인 사고 등—을 시도해 보는 것이 필요하다. '지금-여기'에 초점을 맞추면서 과거에 도움이 되었던 행동이나 환경 자원을 생각해 보는 것도 도움이 된다.

⑤ 계획을 수립한다

재난 현장에서는 매우 급박하게, 또 구체적으로 계획을 세우고, 이를 실행에 옮기도록 한다. 전통적인 상담에서보다 심리요원은 훨씬 더 적극적인 역할을 한다.

⑥ 계획은 실행에 옮기고, 진행 사항에 대해 추수 평가를 한다

만일 계획이 효과적으로 잘 짜였다면, 계획을 실천에 옮기고, 예상된 결과를 얻었는지 평가하고, 결과에 따라 추수 계획을 세운다.

글상자 3

극심한 스트레스 사건 현장에서의 위기 개입의 예(일본 문부과학성, 2011)

※ 사례: 학원에서 돌아오는 길에 같은 학교 동급생의 교통사고를 목격한 사례(초등학교 5학년 남자아이)

□ 개 요

자전거로 학원에서 집으로 돌아오는 도중에 한 아동이 교차로에서 자동차에 치였다. 몸이 위로 붕 뜨는 바람에 의식을 잃고 구급차에 실리는 모습을 같은 학원에 다니던 동급생 5명이 현장에서 목격하였다. 보호자가 경찰로부터 사고 소식을 전해 듣고 병원으로 달려갔을 때 아동은 생명에는 지장이 없었으나 의식은 회복되지 않은 상태였다.

□ 사고 당일

사고 당일 밤, 보호자로부터 사고 연락을 받은 학급 담임이 즉시 교장에게 연락을 취하여

사고 상황과 아동의 상태를 보고하였다.

□ 사고 다음 날 이후

1. 아동들의 마음 돌보기

다음 날 아침, 긴급 교직원 회의를 소집하고, 사고를 목격한 아동들과 소문을 듣고 동요하던 아동들에게 어떻게 대응하면 좋을지 토론하였다. 토론에서는, ① 사고를 당한 아동의 보호자로부터 승낙을 얻어, ② 전교 학생들을 모아 놓고 사고의 발생에 대해 이야기하고, 해당 아동이 생명에는 지장이 없다는 것을 알린 뒤에, ③ 학급 담임들은 아동들의 모습을 주의 깊게 관찰하면서 안색이 좋지 않을 때는 양호실에 가도록 지도하고, ④ 무슨 일이 있으면 양호 교사에게 연락이 갈 수 있도록 조치를 취하는 것으로 의견을 모았다. ⑤ 더불어 교장은 전체 교사들에게 처음 사고 소식을 접한 이후에 동요하는 아동이 있는지를 철저히 관찰할 것과 ⑥ 사실과 다른 소문이 퍼지지 않도록 지시하였다.

교장은 전교생들을 모아 놓고 전날 밤에 교통사고가 있었음을 학생들에게 알리고, 사고를 당한 아동이 현재 병원에서 치료를 받고 있으며, 생명에는 지장이 없으므로 안심할 것을 당부하였다. 전교생 모임 이후에 안색이 좋지 않은 아동도 있었으나 양호 교사가 보건실에서 조금 쉬도록 하자 곧 회복하였다.

2. 아동과 보호자의 마음 돌보기

사고를 당한 아동은 다음 날 의식이 회복하였음을 보호자로부터 연락을 받아, 각 학급 담임들은 학생들에게 이 사실을 전하였다.

모든 아동의 보호자들에게 교통사고가 발생한 사실을 전하여 이 사고로 인해 일시적으로 자녀가 심신이 불안정할 수도 있으며, 이때 어떻게 대처해야 하는지를 안내하는 자료를 배부하였다.

학교에서는 사고를 목격한 아동들 중 두 명에게서 변화가 관찰되었다. 가정에서 온 연락에 따르면, 아동들은 '말수가 적어지고' '텔레비전에서 교통사고 뉴스를 듣고 울며' '○○(사고를 당한 아동의 이름)가 죽는 게 아닌지 반복적으로 질문하고' '화장실에 혼자서 못 가겠다고 하며' '보호자로부터 떨어지려고 하지 않는' 등의 행동을 보였다. 학급 담임은 양호 교사와 함께 가정방문을 실시하여 아동의 상태를 자세히 파악하는 것과 더불어 일시적으로 이러한 반응을 보이는 경우가 흔하다는 점을 보호자에게 전달하였다. 또한 양호 교사가 준비해 온 스트레스에 대한 심신의 반응과 이에 대한 대응방법에 관한 자료를 전달하여 아동이 불안해하지 않도록 조치해 달라고 부탁하였다.

두 명의 아동에 대해서는 교장, 학급 담임, 양호 교사, 학년 주임과 이야기를 나누어, 불안정한 상태가 계속될 경우, 학교 담당 의사와 면담하여 심리상담을 소개받거나 아동 정신과 검진을 검토하도록 방침을 내렸다.

□ 사고 후 1개월

1. 아동들의 동향

사고를 당한 아동의 상태가 회복되는 기미가 보이면, 그때마다 아침 전교생 모임에서 이 사실을 전달하였다. 사고를 목격한 아동의 증상은 조금씩 완화되었으며, 사고를 당한 아동이 건강을 되찾았다는 소식을 들은 후에 상당히 안정되었다.

사고를 목격하지는 않았지만 사고를 당한 아동과 친한 아동이 몸이 좋지 않아 학교를 쉬는 날도 있었다. 학급 담임으로부터 그 연락을 받은 양호 교사는 교장의 허락을 받아 학교 담당 의사를 통하여 동네 아동 정신과 의사를 소개받아 이 아동의 보호자에게 검진을 권하였다. 검진 결과 원래 신경증 경향이 있어 앞으로도 일시적으로 몸이 안 좋아 학교를 쉬는 날이 있을 수 있으며, 통원하면서 상태를 지켜보는 것이 좋겠다고 하였다.

2. 아동들의 마음 돌보기

그 후 사고를 당한 아동이 무사히 퇴원하여 건강을 회복하였으며, 얼마 지나지 않아 등교가 가능해졌음을 교장이 전교생 모임에서 말하였다. 이때부터 아동들에게 특별한 동요나 몸의 이상은 보이지 않았다. 교장은 이번 사건으로 인한 영향이 일단락된 듯하여, 양호 교사와 상담하여 교직원 회의를 열었다. 사고를 당한 아동이 입은 부상에 대해서 양호 교사가 보호자로부터 정보를 확인한 후에 정신 상태뿐만 아니라 머리 부분에 있는 타박상의 후유증 등이 이 아동에게서 보이는지 어떤지에 대해서 교직원 전원이 주의 깊게 관찰하도록 지시하였다. 사고를 목격한 아동에 대해서는 PTSD에 대해서도 주의하며, 계속하여 학급 담임이 보호자와 연락을 취하면서 아동들의 건강을 관찰하도록 방침을 내렸다.

4 우리나라 재난관리 체계

재난 현장에 투입되어 심리적 응급처치를 할 때 우리나라 재난관리 체계를 파악하고 있는 것이 도움이 된다. 재난 생존자에 대한 국가 차원의 개입 체계는 해마다 조금씩 변화하고 있지만, 현재 시행되고 있는 국내의 재난관리 체계를 간단하게 소개하고자 한다. 국내 재난 상황 시 현장 업무는 소방방재청을 중심으로 운영되고 있는데, 소방방재청은 최근 중앙정부, 각 부처 및 자치단체에서 추진한 재난관리 추진 성과와 인적 재난 사고 발생률의 통계를 수록한 『2010 재난연감』을 발간하였다. 본 내용은 이 책에서 소개하고 있는 국내의 재난관리 체계를 요약한 것이다.

우선 국가에서 정의하고 있는 '재난'이라 함은 국민의 생명 · 신체 및 재산과 국가에 피해를 주거나 줄 수 있는 것으로서(「재난 및 안전관리 기본법」 제3조), 다음과 같다.

- 태풍 · 홍수 · 호우 · 강풍 · 풍랑 · 해일 · 대설 · 가뭄 · 낙뢰 · 지진 · 황사 · 적조, 그 밖에 이에 준하는 자연현상으로 인하여 발생하는 재해(종전의 자연재해)
- 화재 · 붕괴 · 폭발 · 교통사고 · 화생방 사고 · 환경오염 사고, 그 밖에 이와 유사한 사고로 대통령령이 정하는 규모 이상의 피해(종전의 인적 재난)
- 에너지 · 통신 · 교통 · 금융 · 의료 · 수도 등 국가 기반 체계의 마비와 전염병 확산 등으로 인한 피해(사회적 재난)

→ 앞에서 "대통령령이 정하는 규모 이상의 피해"라 함은 다음 각 호에 해당하는 것을 말한다.

1. 국가 또는 지방자치단체 차원의 대처가 필요한 인명 또는 재산의 피해
2. 그 밖에 제1호의 피해에 준하는 것으로서 소방방재청장이 재난관리를 위하여 필요하다고 인정하는 피해

〈**표 3-1**〉 재난의 법적 성격 및 분류 체계(『2010 재난연감』에서 발췌)

<table>
<tr><th>구 분</th><th colspan="2">재 난</th></tr>
<tr><td>대 상</td><td colspan="2">• 인적 재난 : 화재, 붕괴, 폭발, 교통사고, 화생방 사고, 환경오염 사고 등
• 자연 재난 : 태풍, 홍수, 호우, 강풍, 풍랑, 해일, 대설, 가뭄, 낙뢰, 지진, 황사, 적조 등</td></tr>
<tr><td>근거 법</td><td colspan="2">「재난 및 안전관리 기본법」</td></tr>
<tr><td>수습체제</td><td colspan="2">• 중앙안전관리위원회(위원장 : 국무총리)
• 중앙재난안전대책본부(본부장 : 행정안전부장관)
– 중앙사고수습본부(본부장 : 주무부처장관)
– 중앙긴급구조통제단(단장 : 소방방재청장)
↓
• 지역안전관리위원회(위원장 : 시 · 도지사, 시 · 군 · 구청장)
• 지역재난안전대책본부(본부장 : 시 · 도지사, 시 · 군 · 구청장)
• 지역긴급구조통제단(단장 : 소방본부장, 소방서장)</td></tr>
<tr><td rowspan="2">복구
책임</td><th>인적 재난</th><th>자연 재난</th></tr>
<tr><td>피해 원인자
(보상 및 배상)</td><td>• 방재 책임자
– 국가시설 · 국가
– 지방시설 · 지방자치단체
– 개인시설 · 개인
* “재해 구호 및 재해 복구비용 부담 기준 등에 관한 규정”에 따라 국가 일부 보조 및 지원</td></tr>
<tr><td>대규모
재난
발생 시</td><td colspan="2">• 재난 사태 선포(「재난 및 안전관리 기본법」 제36조)
– 대통령령이 정하는 재난이 발생하거나 발생할 우려로 인하여 사람의 생명 · 신체 및 재산에 미치는 중대한 영향 또는 피해를 경감하기 위하여 긴급한 조치가 필요하다고 인정되는 경우에 선포
※ 선포 대상 지역 3개 시 · 도 이상 : 선포 → 국무총리
선포 대상 지역 2개 시 · 도 이하 : 선포 → 중앙재난안전대책본부장

• 특별 재난 지역 선포(「재난 및 안전관리 기본법」 제59조 내지 제60조)
– 대통령령이 정하는 재난의 발생으로 인하여 국가의 안녕 및 사회질서의 유지에 중대한 영향을 미치거나 당해 재난으로 인한 피해의 효과적인 수습 및 복구를 위하여 특별한 조치가 필요하다고 인정되는 경우에 선포
※ 선포: 대통령</td></tr>
</table>

재난이 발생하면 「재난 및 안전관리 기본법」 제9조에 따라 국무총리가 위원장이 되는 중앙안전관리위원회가 구성된다. 중앙안전관리위원회의 기능은 안전관리에 관한 중요 정책 심의 및 총괄 · 조정, 국가안전관리 기본 계획 및 집행 계획의 심의, 중앙행정기관이 수행하는 재난 및 안전관리 업무를 심의하는 것이다.

중앙안전관리위원회 산하에는 조정위원회와 더불어 중앙재난안전대책본부와 중앙사고수습본부가 구성된다. 우선 중앙재난안전대책본부(「재난 및 안전관리 기본법」 제14조)는 행정안전부장관을 본부장으로 구성하여, 대규모 재난의 경우 예방 · 대비 · 대응 · 복구 등에 관한 사항을 총괄 · 조정하고, 재난 예방 대책에 관한 사항, 재난 응급 대책에 관한 사항, 국고 지원 및 예비비 사용에 관한 사항 등을 논의하고 결정한다.

중앙재난안전대책본부와 나란히 구성되는 중앙사고수습본부는 주무 부처의 장이 본부장을 맡게 되고, 소관 재난관리 업무의 총괄, 조정 및 집행, 재난 응급 복구에 필요한 물자 및 자재 비축 · 관리, 재난 발생 시 응급 조치 및 중앙대책본부와의 협조 그리고 재난 현장 복구 및 지원을 하는 역할을 한다.

재난이 실제로 발생한 지역에서는 지방자치단체장을 위원장으로 지역안전관리위원회가 구성되고, 그 지역에 있어서의 안전관리정책 심의 및 총괄 · 조정, 안전관리 계획(안)의 심의, 당해 지역에 소재하는 재난관리 책임 기관이 수행하는 안전관리 업무의 협의 · 조정 그리고 다른 법령 또는 조례에 의하여 당해 지역위원회의 권한에 속하는 사항을 처리한다.

2006년에는 '재난 심리 안정 지원' 정책이 도입되었는데, 서울과 부산을 비롯한 16개 시도에 재난심리지원센터를 지정하고, 전문의, 교수, 상담자 등으로 구성된 약 2,000명의 전문가 목록을 마련하여, 재난이 발생했을 때 이들 전문가가 현장으로 달려가 재난 피해 주민들의 심리적 충격과 불안에 개입하여 정신질환 등의 진행을 예방하는 것을 목적으로 하고 있다. 이를 위해 소방방재청에서는 '재난 피해자 심리 지원 정보 시스템'(http://www.dmhs.go.kr)을 구축 · 운영하며, 재난 심리 지원 기본 계획의 수립과 추진 방향 설정, 관련 기관 및 단체와의 네트워크 구축 및 전문가 인력 구성 지원, 재난 피해자 기초 조사와 연구 및 표준 상담 · 교육 프로그램 개발과 보급, 지원활동에 필요한 예산 보조 및 관계 기관 협조 업무를 담당한다. 시 · 도 지

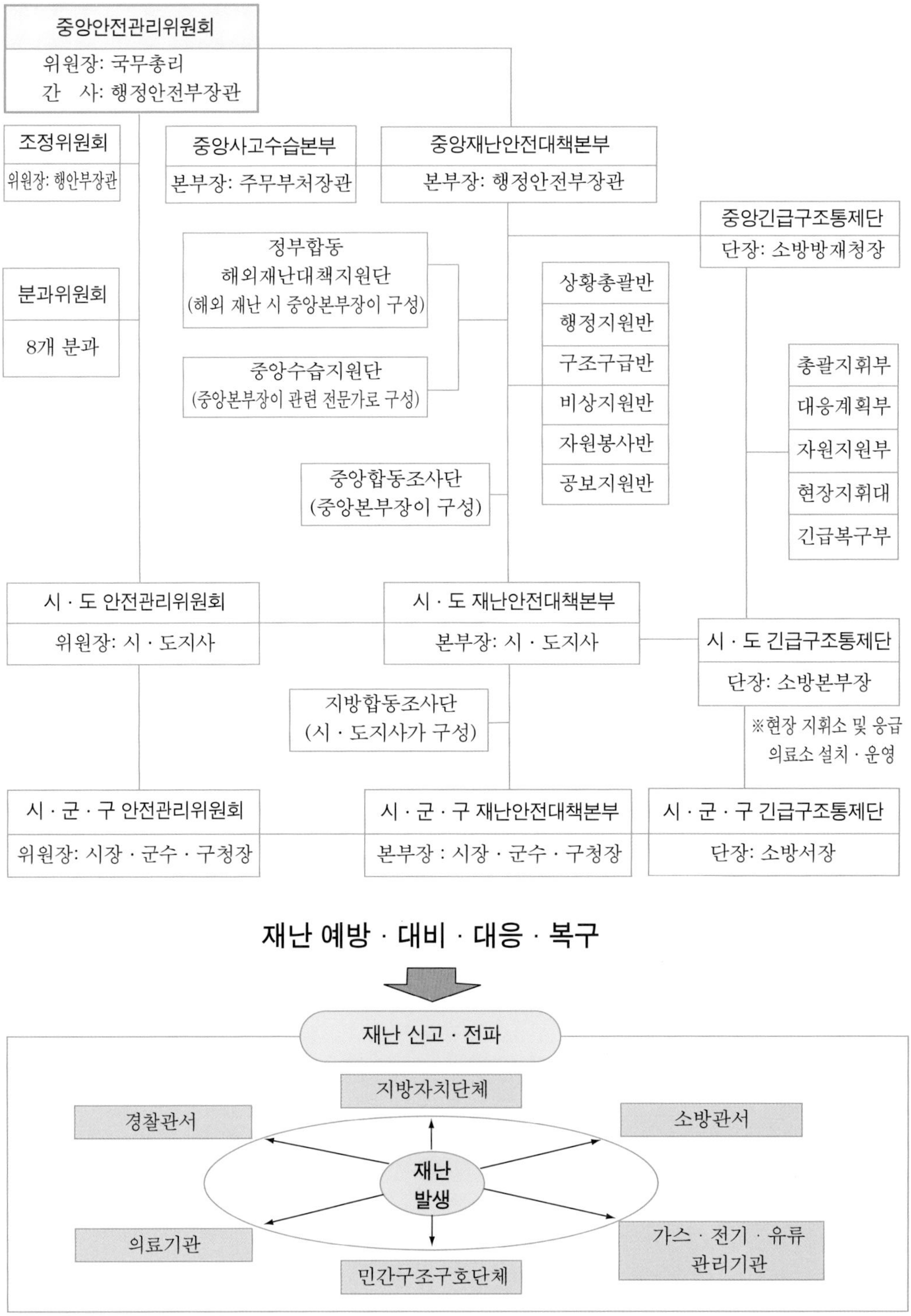

[그림 3-1] 우리나라 재난관리 체계도(『2010 재난연감』에서 발췌)

방자치단체에서는 재난심리지원센터를 지역 대학 등에 지정하여 관리하고, 의료기관과의 연계 등 기타 행정을 지원하며, 관련 기관과 단체 네트워크 구축 및 전문가 인력을 구성하고 지원하는 업무를 담당한다. 재난심리지원센터로 지정된 지역 대학 혹은 의료 기관은 인력 구성 등 실질적인 지역 재난의 심리활동을 총괄적으로 지원하며, 해당 지역 재난 피해자의 심리 상황 기초 조사를 실시하는 것으로 되어 있다 (오혜영, 안현의, 김은영, 2011).

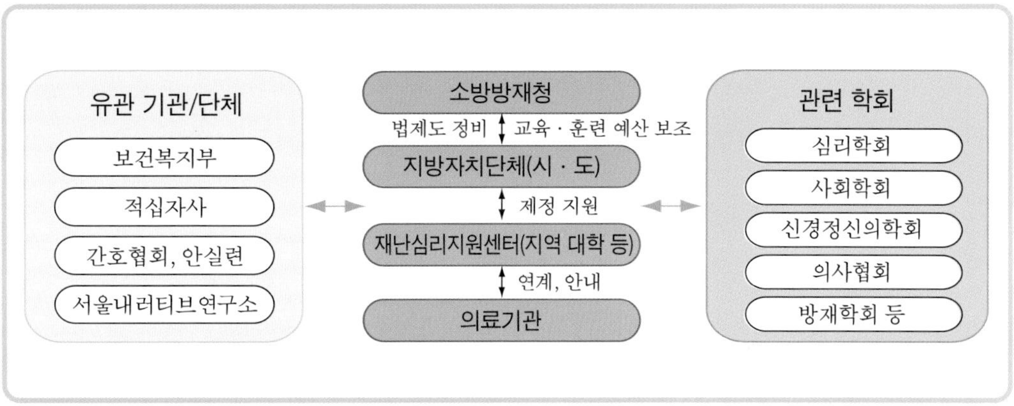

[그림 3-2] 재난 피해자 심리 지원 체계도

PART
2

심리적 응급처치의 일반적 지침

chapter 4 심리요원이 갖추어야 할 자질과 기술
chapter 5 현장에서의 일반적 행동 지침
chapter 6 심리요원의 자기관리 및 고려 사항

chapter 4

심리요원이 갖추어야 할 자질과 기술

심리적 응급처치는 비정상적인 사건에 반응하는 정상인에게 초점을 맞춘다는 측면에서 전통적인 심리치료와 다르다. 따라서 심리적 응급처치 시에 생존자들을 병적으로 보거나 환자 취급을 하지 말아야 하는데, 그 이유는 그들은 비정상적인 사건에 대해 반응하고 있기 때문이다. 그들이 맞닥뜨리는 사건이 보통 사람들이 경험하는 한계 범위를 넘어서는 비정상적인 것이라는 점을 감안한다면, 그들이 보이는 다양한 반응은 정상적이라는 것을 잊지 말아야 한다.

1 심리요원의 기본 자질

위기 상황에서 활동할 심리요원이 일차적으로 갖추어야 하는 자질은 일반적인 상담심리전문가나 임상심리전문가가 기본적으로 갖추어야 하는 전문적 자질과 동일하다. 그 전문적 자질 가운데 하나는 생존자를 대하는 방식과 관련이 있고, 또 하나는 심리요원의 전문성과 관련이 있다.

1) 생존자를 대할 때 필요한 자질

심리요원이 생존자를 대면할 때는 기본적으로 상대방에 대한 적극적인 관심과 진실성이 있어야 하며, 긍정적 변화에 대한 믿음과 희망을 유지해야 한다. 이것은 매우 당연하고 상식적인 이야기일 뿐만 아니라 심리학 분야에서 수많은 경험적 연구를 통해 과학적으로도 입증된 사실이다. 즉, 긍정적 변화를 경험한 내담자들을 살펴보았더니, 이들은 어떤 이론에 근거한 심리치료든 상관없이 실제 치료가 시작되기 이전인 치료의 초기 단계에서 이미 치료 효과의 51~71%를 보였는데, 이들에게는 치료적 결과에 대한 기대와 희망이 중요한 자기 치유적 효력을 발휘했음을 알 수 있다(Howard et al., 1993). 이 외에도 상대방에 대해 어떠한 기대를 갖는가에 따라 상대방에게서 실제 그 기대에 따른 행동을 유도할 수 있다는 연구 결과가 많다(예: 피그말리온 효과). 비록 어떤 기제에 따라 이와 같은 결과가 나타나는지는 아직 명확하게 밝혀진 바가 없지만, 상담자가 상담의 과정과 결과에 대해 긍정적인 기대를 할 때 그러한 메시지가 언어적, 비언어적으로 상대방에게 전달된다는 사실만큼은 분명하다.

또한 재난이나 위기 현장은 매우 혼란스럽기 때문에 자칫 생존자나 가족들이 각각 고유한 개인이 아니라 하나의 '피해자 집단'으로 취급되기 쉽다. 그렇기 때문에 심리요원은 그 어떤 경우보다도 생존자와 그 가족의 개별적 요구 사항이나 특수성에 관심을 기울여야 하고, 그들에 대한 비판단적 태도와 존중감을 유지하도록 신경을 써야 한다.

2) 심리요원의 전문성과 관련된 자질

생존자와 그 가족들의 이야기에 공감해 주고, 그들이 수동적인 존재가 아니라 그 상황에서 능동적으로 행동을 취할 수 있는 존재임을 확인해 주고 그 역량을 강화시키는 것이 일반적인 상담자의 자질인 동시에 심리요원의 필수 자질이다. 누군가에게 공감하고 힘을 실어 주는 것은 흔히 누구나 쉽게 할 수 있는 것으로 치부될 때가 많은데, 그것은 큰 오해다. 왜냐하면, 공감하고 힘을 실어 주는 것은 단순히 맞장구치고 편을 들거나 무조건 잘될 것이라는 격려의 말을 하는 것과는 다르기 때문이다. 실제로 공감하는 능력은 일반적으로 전문상담자가 되는 과정에서 가장 시간이 오래 걸리고 훈련이 많이 필요한 부분이다.

공감하는 것은 우선 감정적으로 상대방과 동일시하는 것이라기보다는 상대방의 정서에 민감하게 귀 기울이고 반응하는 동시에 인지적으로 상대방의 입장에서 생각해 보는 능력이다. 즉, 심리요원이 생존자의 감정 상태와 행동을 세심하게 관찰하고 경청하면서 동시에 생존자의 머리와 눈으로 현재의 상황을 이해해 보는 것이다. 상대방의 감정과 내적 상태가 어떠할지를 '인지적으로 이해'하는 것이지, 결코 옳고 그름의 판단을 하거나 생존자의 분노나 행동에 동의하는 것이 아니다. 따라서 공감은 인지적 기술(머릿속으로 생각하거나 이해하는 능력)이 더 중요하게 작용한다고 할 수 있다. 만약 심리요원이 생존자의 감정에만 완전히 몰입한다면 조력자로서의 역할을 유지하기 어렵다. 뿐만 아니라 심리요원은 경우에 따라서는 사고 가해자를 면담해야 할 때도 있는데, 공감하는 것을 생존자와의 감정적인 동일시로 여긴다면 가해자를 만나서 대화하기가 쉽지 않을 것이다. 이 같은 공감에 대한 정확한 이해와 실천을 하는지의 여부가 비전문가와 전문가의 차이점이다.

공감하기와 더불어 내담자에게 긍정적인 기대를 갖고 힘을 북돋는 과정에는 전문적인 의사소통 기술이 필요하다. 생존자의 말에 어떤 대답을 해야 하고, 어떤 언어적·비언어적 반응을 보여야 하며, 어떤 말은 피해야 하는가와 같은 의사소통 능력에서 진정한 공감 능력과 힘을 실어 주는 것의 효과가 드러나게 되어 있다. 상대방에게 공감하고 있고 긍정적인 기대를 갖고는 있지만, 이것을 효과적으로 전달하지 못한다면 아무런 소용이 없다. 따라서 심리요원은 상담자의 기본적인 의사소통 기

CURE
HELP

술을 배워야 한다. 이와 관련해서는 이후에 소개할 것이다.

이 외에도 상황에 맞는 빠른 대처를 하고, 정확한 판단력과 문제 해결 능력을 지니며, 심리요원으로서 윤리적 책임(예: 비밀 보장)을 숙지하고 이해하는 것도 전문적인 능력에 포함된다.

글상자 1

심리요원의 점검리스트

- 재난이나 사고 후 사람들이 흔히 보일 수 있는 반응을 이해하고 있는가?
- 정확한 정보 확인이 필요할 때 어디에 문의하면 되는지 알고 있는가?
- 연계가 필요한 부서나 사람(예: 정신건강전문가)의 연락처를 알고 있는가?
- 고위험군(생존자 및 가족, 동료, 혹은 나)를 알아볼 수 있는가?
- 분노를 어떻게 대응하는지 알고 있는가?
- 하지 말아야 할 것에 대해 알고 있는가?(80페이지 참조)
- 내 중심을 잡고 있나?
- 식사, 수면, 휴식을 잘 관리하고 있는가?
- 누가 나는 지지해주는지 아는가? 정기적으로 지지해주는 사람과 접촉하고 있는가?

2 효과적인 의사소통 방법

앞서 언급한 바와 같이 심리요원의 기본적 자질이나 효과적인 의사소통 방법은 일반적인 상담전문가나 심리치료사가 훈련받는 내용과 크게 다르지 않다. 여기에 소개되는 내용은 상담자 훈련과정에서 특정 심리치료 이론에 근거하지 않고, 모든 상담자들이 습득해야 하는 기본적인 대화 기술, 즉 세부 기술(microskill)이라고 부르는 것에 해당된다. 상담의 의사소통 방법에 관해서는 시중에 많은 책들이 나와 있기에 쉽게 구할 수 있을 것이다.

1) 비언어적 의사소통

사람과 사람 사이에서 이루어지는 의사소통의 70% 이상이 비언어적 측면이라는 사실은 이미 널리 알려져 있다. 만약 누군가가 당신에게 힘없고 지친 목소리로 "난 지금 기분이 무척 좋아요."라고 말한다면, 당신은 과연 그 말을 믿을 것인가? 우리들 대부분은 상대방의 "기분이 무척 좋아요."라는 말보다는 그의 어둡고 낮은 목소리 톤과 표정이 실제 기분 상태라고 믿을 것이다. 이처럼 비언어적 의사소통은 중요한 역할을 하는데, 다음의 'ENCOURAGE'로 요약해 볼 수 있다(Hill & O'Brien, 1999).

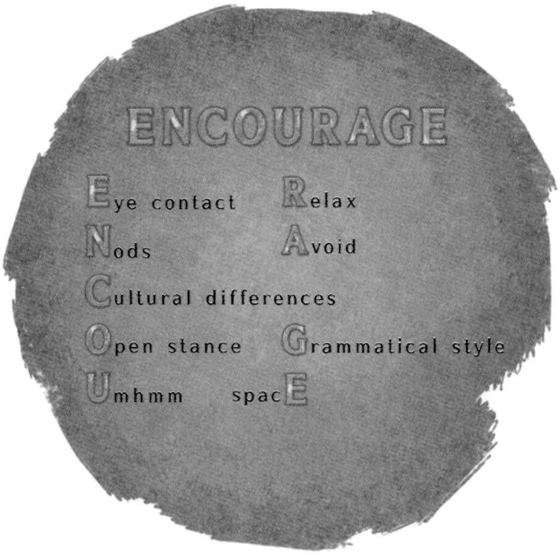

- **E**(Eye contact) = 적당한 정도의 시선 맞추기를 한다(자주 다른 곳을 본다든지 뚫어지게 보거나 하는 것은 피하기).
- **N**(Nods) = 대화 중에 고개를 적당히 끄덕인다.
- **C**(Cultural differences) = 상대방의 성별, 나이, 사회경제적 지위, 직업, 출신 지역, 종교 등의 문화적

차이를 인식하고 존중한다.

- **O**(Open stance) = 적어도 초기에는 내담자 쪽으로 개방된 자세를 유지한다(내담자를 정면으로 마주 보고, 내담자 쪽으로 몸을 약간 기울인다. 팔짱을 끼거나 다리를 꼬는 것은 개방된 자세가 아니다).
- **U**(Umhmm) = 상대방의 이야기를 듣는 과정에서 적절하게 '음' '네' '그렇군요' 등의 표현을 함으로써 경청하고 있음을 보여 준다.
- **R**(Relax) = 심리요원은 스스로 몸의 긴장을 풀고 자연스럽게 행동한다.
- **A**(Avoid) = 산만한 행동은 피한다(예를 들어, 공감하는 과정에서 심리요원의 감정을 지나치게 표현한다거나, 주변의 움직이는 사람이나 물체로 시선을 자꾸 돌린다거나, 시계를 본다거나, 옷자락이나 볼펜 등을 만지작거리는 행동은 피한다).
- **G**(Grammatical style) = 상대방의 언어에 맞춘다는 것은 상대방의 연령적 특성이나 교육 수준 등에 맞게 대화하고, 전문적 용어를 지나치게 사용하지 않는 것을 의미한다.
- **E**(SpacE) = 상대방과 너무 가깝거나 또는 너무 멀리 떨어져 앉지 않는다. 심리요원과 내담자 간의 적절한 거리는 내담자가 결정하도록 둔다. 즉, 내담자가 너무 가까이 앉는 것을 불편해하면서 몸을 뒤로 젖히면, 심리요원은 그에 맞게 적절한 거리를 둔다.

2) 언어적 의사소통 I: 재진술하기

재진술하기란 상대방과 대화할 때 상대방이 말한 것의 일부나 전체를 경청자가 따라서 진술함으로써, 경청자가 상대방의 이야기에 적극적으로 귀를 기울이고 있음을 보여 줄 뿐 아니라 내용을 정확하게 이해하고 있는지 확인하는 것이다. 재진술하는 방법에는 상대방이 사용한 문구를 그대로 따라서 표현하는 방법과, 같은 의미를 다른 표현으로 바꾸어 전달하는 방법이 있다.

[재진술의 예]

생존자 홍수로 모든 재산을 잃고 남편도 잃었는데 아이들을 데리고 앞으로 어떻게 살아야 할지 모르겠어요.

심리요원 재진술 1 이번 홍수로 재산과 남편을 잃고서 아이들을 데리고 살길이 막막하다는 말씀이군요.

심리요원 재진술 2 앞으로 아이들과 살아가야 하는데 당장 무엇부터 해야 할지 모르겠다고 느끼시나 봐요.

재진술을 할 때 도움이 되는 몇 가지 요령은 다음과 같다.

- 생존자의 이야기 중 가장 중요하다고 여겨지는 것을 선택적으로 재진술하라. 생존자의 비언어적인 면에 주의를 기울이고, 생존자가 가장 큰 비중을 두고 이야기하는 것, 열정을 보이면서 이야기하는 것, 의문이나 갈등을 느끼는 것, 미해결된 것 등이 현재 생존자에게 가장 도움이 필요한 것일 가능성이 높다.

- 재진술은 되도록 짧고 간략하게 하도록 한다. 생존자의 주의력이나 집중력이 많이 떨어져 있는 상태이기 때문에 간략하게 재진술함으로써 생존자에게 재진술의 내용이 더 잘 전달된다. 재진술의 목적 가운데 하나는 상대방이 지속적으로 자신의 감정과 사고를 탐색하게 하는 것이므로, 재진술을 할 때는 항상 초점이 상대방에게 향하도록 한다.

- 생존자가 더 이야기할 것이 있을 수 있으니 재진술하기 전에 잠깐 멈추고 생존자를 살피는 것이 좋다. 또한 재진술을 하기 전에 심호흡하는 것은 불안한 마음을 편안히 해 줄 수 있다.

- 만약에 상대방의 말을 도저히 이해하지 못했다면, 이해한 척하기보다 다시 말해 달라고 하는 것이 좋다.

- 재진술을 하면서 절대로 충고하지 말아야 한다. 재진술을 한 직후에 무언가를 제안하거나 충고하게 되면, 재진술의 효과는 급격히 떨어지고 신뢰적 관계는 손상을 입을 가능성이 높아진다. 위기 현장에서 심리요원은 일반 상담자보다는 좀 더 지시적이고 적극적으로 문제 해결을 유도하기는 하지만, 그럼에도 문제 해결 방법의 대안 모색과 선택은 생존자 본인이 하도록 이끄는 것이 최선이다.

3) 언어적 의사소통 II: 개방형 질문과 폐쇄형 질문

폐쇄형 질문은 상대방이 '네/아니요' 또는 단답식의 반응을 유도하는 질문인 반면(예: "지금 기분이 안 좋지요?" "몇 살입니까?"), 개방형 질문은 상대방이 자유롭게 답변할 수 있는 여지를 주는 형태의 질문이다(예: "지금 기분이 어떻습니까?" "지금의 기분을 조금만 설명해 주시겠어요?"). 일반적인 상담이나 심리치료 장면에서는 내담자가 자신의 내면을 적극적으로 탐색할 수 있도록 개방형 질문을 많이 사용하도록 권장하는데, 위기 현장에서는 개방형 질문과 폐쇄형 질문을 병행하는 것이 좋다. 왜냐하면, 위기 현장에서는 생존자의 내면을 통찰하고 탐색하기보다는, 정서적 안정을 되찾고, 당장의 문제 해결에 더 많은 초점이 맞추어져야 하기 때문이다.

개방형 질문이든 폐쇄형 질문이든, 심리요원이 질문을 할 때 주의해야 하는 몇 가지 사항이 있다.

- 한 가지 이상의 질문을 한 번에 하지 않는 것이 좋다(예: "그때 어디에 있었고, 무슨 일이 벌어졌고, 그 이후에는 어떻게 되었나요?"). 질문 사이에 응답할 기회를 생존자에게 주지 않은 상태에서 많은 질문을 하는 것은 상대방을 더욱 혼란스럽게 할 수 있다.

- "왜?"라는 질문을 하지 말아야 한다. 그것은 사람을 방어적인 상태로 만들고, 솔직하게 답하는 것을 어렵게 한다. "당신은 왜 그곳에 있었지요?"라고 묻기보다는 "당신이 어떻게 여기까지 오게 되었는지 간단하게 설명해 주시겠어요?"라고 묻는 것이 좋다.

- 항상 모든 질문에 명확한 의도를 가지고 질문한다. 즉, 단순히 궁금해서 물어본다거나 현재의 문제 해결에 당장 도움이 되지 않는 질문은 하지 않는 것이 좋다. 질문의 적절성을 알 수 있는 기준은 '내가 방금 한 질문이 상대방에게 도움이 될 만한 것인가?' 하고 자문해 보는 것이다.

4) 언어적 의사소통 III: 감정에 공감하기

재진술은 상대방이 말한 것에서 내용에 대한 이해를 확인하는 것인 반면, 감정에 공감하는 것은 상대방의 진술에 어떠한 감정이 깃들어 있는지를 알아차리고 공감해 주는 것이다.

[감정 공감의 예]

생존자 홍수로 모든 재산을 잃고 남편도 잃었는데 앞으로 아이들을 데리고 어떻게 살아야 할지 모르겠어요.

심리요원 감정 공감 1 말씀하시는 것을 들으니 절망적으로 느끼시나 봐요.

심리요원 감정 공감 2 슬프기도 하면서 미래도 걱정되고…… 지금 복잡한 마음이신가 봐요.

- 상대방이 말하는 것에서 가장 주요한 감정이 무엇인지 듣고, 그에 대해 공감하는 것이 좋다. 즉, 상대방이 진술한 모든 것을 포착하기보다 그 순간에 가장 중요하고 강렬한 감정이라고 생각하는 것을 선택하여 반응해 주는 것이다. 한꺼번에 너무 많은 감정을 반영하는 것은 분산되고, 혼란스럽게 할 수 있으므로 주의한다.

- 과거의 감정보다는 현재의 감정 상태에 대해 이야기하는 것이 중요하다. 상대방은 오래전에 발생했던 일에 대하여 여전히 강렬한 감정을 나타낼 수는 있지만, 현재의 감정에 대해 공감해 주는 것이 문제 해결에 훨씬 더 효과적이다.

- 사람의 감정이란 매우 복잡하고 미묘한 것이지만, 심리요원으로서 생존자의 감정에 공감할 때는 복잡한 감정 표현을 할 필요는 없다. 몇 가지 주요한 인간의 감정을 표현하는 어휘(예: 화남, 슬픔, 절망, 외로움, 두려움)로도 충분히 상대방에게 공감하고 있음을 전달할 수 있다. 단, 상대방의 연령이나 지적 수준, 성별 등을 고려하여 감정 표현 방법을 선택하는 것이 좋다.

- 심리요원이 생존자의 감정에 부적절하게 공감하거나 생존자가 심리요원의 감정 공감에 잘 반응하지 않는다면, 사과하지 말고 대신 상대방에게 그가 느끼는 것에 대하여 좀 더 설명하도록 부탁하고, 다시 그 감정을 이해하도록 하는 것이 좋다. 재난 현장에서는 심리요원이 생존자에게 중요한 지지대 역할을 하는 동시에 역할 모델이 되기 때문에, 실수한 것에 대해 자책하는 표현을 하거나 부정적인 자기표현을 하는 것은 생존자를 더욱 불안하게 만들 수 있다.

- 재진술의 경우와 마찬가지로 생존자에게 감정적인 공감을 한 후에는 어떠한 충고도 하지 않는 것이 좋다. 충고를 하는 것은 상대방에게서 스스로 일어설 수 있는 능력을 뺏는 것이며, 그를 의존적이고 무기력하게 느끼게 한다. 따라서 충분한 감정적 공감을 한 후에, 생존자가 스스로 문제를 해결할 수 있도록 유도하는 것이 바람직하다.

chapter 5

현장에서의 일반적 행동 지침

• 심리요원은 공인된 재난 대응 체제하에서 활동하는 것이 권장된다. 재난 현장에는 흔히 각종 단체나 기관, 구호요원, 언론사 기자 그리고 구경꾼 등 많은 사람들이 몰려들기 때문에, 생존자는 누구의 도움을 받아야 하는지, 누구를 신뢰할 수 있는지 판단하기가 어렵고 혼란스럽다. 그러므로 비전문가나 특정 이익단체 또는 단순한 호기심을 가지고 접근하는 사람들로 인해 이차적인 피해를 입기도 하며, 그로 인해 실제 도움을 줄 수 있는 이들조차 불신하게 됨으로써 도움의 기회를 놓칠 수도 있다. 따라서 심리요원이 현장에 출동할 때는 공식적인 지위를 가지고 활동해야 하며, 생존자에게 자신이 어디에 소속되어 있고, 어떤 자격으로 현장에 왔는지 잘 전달해야 한다.

• 심리요원은 침착하고, 예의 바르며, 차분하게 실질적인 도움을 주는 행동을 보임으로써 생존자들이 건강한 대처행동을 모델링할 수 있게 한다. 또한 현장에서 자신의 존재를 잘 드러나게 함으로써 생존자들이 필요할 때 쉽게 찾을 수 있도록 한다.

• 재난 현장에 조용한 개별 공간이 마련되기는 힘들지만, 그럼에도 심리요원은 생존자와 대화를 나눌 때 대화 내용이 최대한 다른 사람들에게 들리지 않도록 노력해야 한다. 그리고 생존자와 나눈 이야기를 제삼자에게 말하지 않음으로써 비밀 보장을 지켜야 하고, 누군가에게 알려야 할 경우에는 생존자의 동의를 받은 후에 알린다.

• 심리요원은 자신의 전문성과 주어진 역할의 한계를 넘지 않도록 주의해야 한다. 심리요원의 역할의 한계를 넘는 도움이 필요할 경우에는 지체 없이 해당 전문가에게 의뢰해야 한다.

• 심리요원은 재난 현장에서 만나는 생존자들의 나이, 성별, 교육 수준, 장애 여부, 성적 지향, 출신 지역, 종교 등 서로 다른 문화적 가치나 다양성을 민감하게 인식할 수 있어야 하며, 대화과정이나 도움을 주는 과정에서 생존자의 가치관에 위배되거나 생존자를 비하하는 행동을 하지 않도록 조심해야 한다.

• 심리적 응급처치는 스트레스가 많은 활동이므로, 심리요원은 평소에나 재난 현장에서 일할 때 자신의 정서적 · 신체적 반응에 주의를 기울이면서, 자기관리에 특별히 신경 써야 한다. 만약 심리요원이 재난 현장에서 정서적 충격을 감당하지 못한다면, 현장을 떠나서 적절한 휴식을 취해야 한다.

1 현장에서의 기본 지침

- 현장에 도착하면 섣불리 바로 참여하지 말고 차분하게 상황을 관찰해야 한다. 어느 정도 현장을 살펴본 후에 만약 생존자에게 말을 거는 것이 무례하거나 간섭적이지 않다고 판단되면 조심스레 접근하여 어떻게 도울 수 있을지 물어본다. 생존자들과 자연스럽게 접촉하는 데 가장 효과적인 방법 가운데 하나는 실용적인 도움을 제공하는 것이다(예: 음식, 물, 담요 제공하기).

- 생존자는 심리요원을 아예 외면해 버리거나, 반대로 심리요원에게 전적으로 의존하고 싶어 할 수 있다는 것을 예상해야 한다.

- 말투는 차분하게 하고, 인내심을 발휘하되 적극적으로 반응하며, 생존자가 무엇을 원하는지 민감하게 알아차리도록 한다. 최대한 천천히 말하고, 가급적 간단하고 구체적으로 표현하도록 한다(약어나 은어, 전문 용어는 사용하지 않는다).

- 생존자가 말을 걸면 언제든지 들을 준비가 되어 있어야 한다. 경청할 때는 상대방이 반드시 전달하고 싶은 내용이 무엇인지, 도움을 줄 수 있는 방법은 무엇인지를 생각하며 들어야 한다.

- 생존자의 이야기를 들어 주는 동안 간간이 생존자가 어떠한 자기 보호 행동을 취해 왔는지를 찾아내어 그것을 강점으로 인정해 주는 것은 생존자로 하여금 무력감을 덜 느끼게 해 준다.

• 생존자에게 당장 필요한 것을 해결해 줄 수 있는 모든 정보를 즉각 제공하고, 필요하다면 몇 번씩 반복해서 알려 주는 것이 좋다. 정신적 충격을 받은 경우 일시적으로 기억력이 떨어지므로, 심리요원은 중요한 말을 몇 번 반복해서 전달하는 것이 도움이 된다.

• 반드시 정확한 정보만 제공하도록 하고, 잘 모를 경우에는 모른다고 인정하는 것이 중요하다. 또한 생존자의 연령층에 맞게 필요한 정보를 제공한다.

• 만약 통역이 필요한 생존자와 대화를 나눌 경우, 심리요원은 생존자와 시선을 맞추며 대화해야 한다. 통역자를 바라보며 대화를 나누는 것은 바람직하지 않다.

• 심리적 응급처치의 목적은 극심한 정서적 충격을 완화시키고, 당장 필요한 문제를 해결함으로써 적응적으로 회복할 수 있도록 도와주는 것이지, 절대로 충격적 경험 자체나 애도 반응을 다루는 것이 아니라는 점을 기억해야 한다.

2 심리요원이 피해야 하는 행동

• 생존자가 현재 어떤 마음 상태인지, 어떤 과정을 거쳐 왔는지 안다고 속단하지 말아야 한다. 그리고 모든 재난 생존자들이 정신적 외상을 입었다고 추측하지도 말아야 한다. 생존자를 병리적으로 바라보는 것은 매우 위험하며, '증상' '진단' '정신장애'와 같은 표현을 사용하지 않도록 한다. 대부분의 충격 이후의 반응은 누구에게나 나타날 수 있는 것이며, 재난과 같은 큰 사건을 경험한 이들은 충분히 그와 같은 일시적인 상태에 놓일 수 있기 때문이다.

• 무력한 상태에 있는 생존자를 은연중에 낮추어 대하거나, 생존자의 실수나 장애, 약점, 무력함 등에 초점을 두지 말아야 한다. 대신 생존자 자신이 재난 당시와 현재에 어떻게 잘 대처하고 있는지를 발견해 주도록 하고, 그런 대처 능력이 다른 생존자들에게 어떻게 도움이 될 수 있는지 알려 줌으로써 힘을 북돋워 준다.

• 모든 생존자들이 심리요원과 이야기하고 싶어 하거나 이야기할 필요가 있다고 가정하지 않는 것이 좋다. 심리요원과 대화를 나누지 않더라도 심리요원이 현장에서 지지적이고 안정적으로 오가는 모습을 보는 것만으로도 안심하고, 스스로 대처 능력을 회복할 수 있는 경우가 많다.

• 디브리핑을 한다고 하면서 사건을 자세하게 설명하라고 하지 않는 것이 좋다. 사건 직후에 섣불리 생존자의 경험에 대해 말하게 하는 것은 위험할 수 있다. 어느 정도 정서적 안정을 찾으면 전문가에게 의뢰하는 것이 좋다.

글상자 1

심리적 디브리핑이란?

심리적 디브리핑은 재난이 발생했을 때 생존자에게 정상적으로 일어나는 다양한 생리적 · 심리적 · 행동적 반응에 대해 정보를 제공해 주는 서비스로서 대개 집단 형태로 행해진다. 교육적인 개입으로 생존자가 자신의 경험을 이해하고, 다룰 수 있도록 돕는 것을 주목표로 한다. 심리적 디브리핑은 재난 발생 후 48시간 내지 72시간 내에 행해지며, 15~20명 정도의 집단으로 실시한다. 심리적 디브리핑은 인지적으로 지향된 절차이며, 재난과 관련된 다양한 반응을 표현하고 다룰 수 있게 해 주어야 한다. 생존자가 직접 언급하지 않을 때는 정서적 반응을 일부러 이끌어 내지 않는 것이 좋으며, 매우 조심스럽게 다루어져야 한다.

• **심리적 디브리핑을 할 때 유의할 점**
  - 전반적인 위기 개입의 일부로 행해져야 하며, 추수 평가 없이 행해져서는 안 된다.
  - 경험이 많은 임상가에 의해 수행되어야 하며, 인지적이고 교육적이어야 한다.
  - 재난 발생 후 48시간 내에 수행되어서는 안 된다.
  - 디브리핑에서 너무 많은 것을 성취하려고 해서는 안 되며, 너무 짧아서도 안 된다.
  - 재난 발생 후 고위험군을 식별해 내기 위한 평가 절차의 일부로, 또 생존자와의 관계 형성을 위한 하나의 절차로 실시하는 것이 좋다.

최근 심리적 디브리핑이 단기적으로는 효과가 있지만 장기적으로는 생존자의 재적응에 부정적인 영향을 미친다는 연구 결과가 나오고 있어, 생존자가 자발적으로 요청하는 경우가 아니면 디브리핑을 제공하지 않는 경향이 있다(Mayou, Ehlers, & Hobbs, 2000).

3 아동 · 청소년 생존자를 대할 때 유의할 점

- 어린 아동일 경우 눈높이를 맞추도록 앉아서 이야기하는 것이 좋다.

- 초등학생일 경우 자신의 감정을 언어화하여 표현할 수 있도록 도와준다. 이때 단순한 감정 표현(화남, 슬픔, 무서움, 걱정됨 등)을 사용하는 것이 좋은데, 복잡한 감정 표현(끔찍함, 소름 끼침 등)은 정서적 불안정을 심화시킬 수 있기 때문이다.

- 경청하는 중에 수시로 아동 · 청소년의 이야기를 심리요원이 제대로 이해했는지 확인해 준다. 아동의 발달적 수준에 맞는 표현을 사용하는 것이 바람직하다. 나이가 어린 아동일수록 '죽음'과 같은 추상적인 개념을 이해하기 어렵다. 따라서 최대한 직접적이고 간단한 표현을 사용하는 것이 좋다.

- 아동 · 청소년 생존자의 경우 일시적으로 행동이나 언어가 퇴행할 수 있음을 예상한다.

- 청소년의 경우 '어른 대 어른'으로 대화하듯이 유도함으로써, 심리요원이 청소년 생존자의 감정과 생각, 걱정거리 등을 존중하고 있고 중요하게 듣고 있다는 것을 보여 준다.

- 앞서 제시된 대화방법을 부모나 보호자, 교사에게 직접 보여 줌으로써, 그들이 아동 · 청소년과 대화할 때 심리요원을 모방하게 한다.

4 기타 가이드라인

• 어떤 정보를 언제 얼마나 제공할 것인지를 잘 선택해야 한다. 생존자에게 한꺼번에 너무 많은 정보를 제공하면 중요한 정보를 기억하는 데 도움이 되지 않으며, 반대로 너무 적은 정보를 제공할 경우에는 필요한 정보가 부족할 수 있어 효과적이지 않다.

• 정보는 구체적이고 명확하며 간단하게 제공한다. 문장을 짧게 하고, 어려운 전문 용어의 사용은 자제한다. 최대한 일상적인 대화체로 전달하고, 생존자가 잘 이해했는지 확인한다.

• 적절한 정보 제공의 시점을 선택해야 한다. 매번 조금씩 나누어서 제공해야 하며, 한꺼번에 많은 정보를 주면 생존자가 압도당하는 느낌을 받기 쉽다. 생존자마다 정보의 수용 정도와 이해 수준이 다르다는 것을 명심해야 한다.

• 심리요원이 말하는 내용의 처음 1/3 정도의 내용이 가장 잘 기억되므로, 중요한 내용은 앞부분에 제시하는 것이 좋다.

• 정보를 제공하기 이전에 왜 그러한 내용을 전달하는지 사전에 충분히 설명하도록 한다.

• 항상 개입을 하기 이전에 그 필요성과 근거를 충분히 설명하도록 한다.

예) "자, 처음에 제가 X에 대해 먼저 설명하고 Y를 설명하겠습니다. 그 전에 왜 그런 순서대로 다루어야 하는지를 말씀 드리겠습니다. 이해가 되시나요?"

• 심리요원이 제공한 외상후 스트레스 장애(PTSD) 관련 정보와 치료에 관한 정보

가 생존자가 개인적으로 알고 있는 내용과 어느 정도 일치하는지를 탐색해 봐야 한다.

- 자료를 구두와 문서로 함께 제시하는 것이 가장 효과적이며, 설명할 내용의 요약문을 미리 준비해 두는 것도 좋다.

- 생존자가 취해야 하는 행동 과제를 개입 전략으로 사용할 때는, 그것이 왜 중요한지를 강조해야 한다.

- 생존자가 정보를 정확하게 습득하도록 하기 위해서 반복 교육을 실시한다. 생존자가 정보를 정확하게 알고 있는지를 알아보기 위해서 심리요원과 생존자의 역할을 교대하여, 생존자에게 PTSD와 치료 과정에 대해 설명해 보도록 한다. 특히, 무엇을 해야 하는지 외에도 '왜' 그것을 해야만 하는지도 함께 설명하게 하는 것이 바람직하다.

- 현실적인 치료 목표를 세우고, 성취 가능한 하위 목표로 나누도록 돕는다.

- 생존자에게는 치료 계획을 잘 따라올 수 있는 역량이 있음을 확신시켜 준다.

- 생존자의 치료과정에서 장애물이 될 수 있는 것을 함께 예상하고, 문제 해결 식으로 대처한다.

chapter 6

심리요원의 자기관리 및 고려 사항

심리적 응급 상황에 처한 사람에게 정서적 지지와 보살핌을 제공하는 것은, 어려운 사람을 돕고 사회에 기여할 수 있는 보람 있는 일인 동시에 신체적, 정서적으로 힘든 일이기도 하다. 다음은 심리요원이 심리적 응급처치를 수행하기 위해 사전에, 임무를 수행하는 동안에, 그리고 사후에 고려해야 할 내용이다.

1 사전 준비 사항

1) 개인적 고려 사항

다음은 심리요원이 심리적 응급처치를 수행하는 동안 경험할 수 있는 다양한 상황이다. 이러한 상황에서 마음의 동요 없이 얼마나 침착하게 대처할 수 있는지 평가하라.

- 소리를 지르거나 흥분해서 울고 화를 내거나 철수되는 등 극심한 고통과 강렬한 반응을 경험하고 있는 생존자와 만나는 것
- 전통적인 상담 장면과 다른 상황에서 작업하는 것
- 혼란스럽고 예측할 수 없는 환경에서 일하는 것
- 초기에 정신건강과 무관한 활동에 참여하는 것(예: 식수 배급, 식사 제공, 청소)
- 지도 · 감독(슈퍼비전)이 최소한이거나 거의 없는 환경 또는 반대로 세세한 부분까지 통제받는 환경에서 일하는 것
- 문화, 인종, 발달 수준, 신념이 다른 사람들과 작업하고, 그들에게 지지를 제공하는 것
- 위험한 환경이나 손상에 노출될 위험이 충분히 알려지지 않은 환경에서 일하는 것
- 심리적 지지를 잘 받아들이지 않는 사람들과 함께 작업하는 것
- 상호작용 방식이 다른 다양한 전문가들과 함께 일하는 것

2) 건강 관련 고려 사항

현재 당신의 신체적 · 정서적 건강 상태와 더불어, 응급 상황에서 장시간 일할 수 있는 능력에 영향을 미칠 수 있는 다음과 같은 상태를 평가하라.

- 최근 받은 외과 수술이나 의학적 치료

- 최근 정서적 또는 심리적 도전이나 문제
- 최근 6~12개월 이내에 중요한 삶의 변화 또는 상실
- 초기 상실 또는 부정적인 생활 사건
- 일에 지장을 초래할 만큼 심한 다이어트
- 장시간 동안 적극성을 유지하면서 신체적으로 힘든 상황을 견디는 능력
- 필요하다면 전체 임무 수행 기간 외에 며칠간 더 복용할 수 있는 양의 충분한 의약품

3) 가족 관련 고려 사항

당신이 심리적 응급처치를 제공하는 동안 남겨질 당신 가족의 능력을 평가하라.

- 며칠 또는 몇 주까지 당신이 없어도 가족이 생활할 수 있는 준비가 되어 있는가?
- 당신이 위험한 환경이나 손상에 노출될 위험이 충분히 알려지지 않은 환경에서 작업하는 것에 대해 가족이 준비되어 있는가?
- 당신이 가족과 오랫동안 떨어져 있는 동안 당신의 책임과 의무 중 일부를 대신할 수 있는 지지 체계(가족, 친구 등)가 있는가?
- 당신이 임무에 집중하는 것을 방해하는, 해결되지 않은 가족(관계)의 이슈가 있는가?
- 임무를 마치고 되돌아갈 수 있는 지지적인 환경이 있는가?

4) 직장(또는 학교) 관련 고려 사항

심리적 응급처치를 제공하기 위해 시간을 할애하는 것이 당신의 직장(또는 학교) 생활에 어떤 영향을 미치는지 평가하라.

- 직장 상사(또는 교수)가 당신이 심리적 응급처치에 관심을 가지고 참여하는 것에 지지적인가?

- 상사가 당신이 업무 시간에 자리를 비우는 것을 허용하는가?
- 상사가 당신이 심리요원으로서 활동하려면 휴가(방학) 또는 무임금 휴가를 이용하라고 요구하는가?
- 24~48시간 내에 응급 상황에 반응할 수 있을 정도로 직장 내 지위가 융통성이 있는가?
- 직장 동료들은 당신이 자리를 비우는 것에 대해 호의적이고, 당신이 복귀했을 때 지지적인 환경을 제공하는가?

5) 개인, 가족, 직업 관련 대비 사항

심리요원으로 참여하기로 결심했다면 평소에 다음의 사항에 대한 준비와 대비를 해 두는 것이 필요하다.

- 가족 및 가사에 대한 책임
- 직장의 업무에 대한 책임
- 애완동물을 돌보는 것에 대한 책임
- 소속된 공동체나 모임 등에서의 책임

2 임무 수행 시 고려 사항

심리적 응급처치를 제공하는 동안에 일반적인 스트레스 및 극심한 스트레스 반응이 무엇인지 이해하고, 심리요원으로서 자신의 스트레스를 해소하는 방법과 스스로를 보호하는 방법을 알고 실천하는 것이 중요하다.

1) 일반적인 스트레스 반응

심리요원은 다양한 스트레스 반응을 경험할 수 있으며, 이러한 반응은 생존자들과 작업할 때 일반적인 것으로 간주된다.

- 활동 수준의 증가 또는 감소
- 수면 곤란
- 술이나 기타 약물 복용
- 심리적 마비
- 과민성, 분노 및 좌절
- 충격, 두려움, 공포, 무기력과 같은 형태로 경험되는 대리적 외상화
- 혼란, 주의력 감소, 의사결정의 곤란
- 신체적 반응(예: 두통, 복통, 쉽게 놀람)
- 우울증 또는 불안 증상
- 사회적 활동의 감소

2) 극심한 스트레스 반응

심리요원은 일반적인 것보다 더 심각한 반응을 경험할 수도 있으며, 이때 전문가에게 지지와 상담을 요청하고, 지도 · 감독자로부터 모니터를 받아야 한다. 극심한 스트레스 반응에는 다음과 같은 것이 포함된다.

- 연민과 관련된 스트레스(무력감, 혼란, 고립감 등)
- 연민과 관련된 피로감(사기 저하, 소외, 체념, 사임 등)
- 직접적 또는 간접적으로 경험한 외상에 대한 집착 또는 강박적인 재경험
- 전문적 또는 개인적 상황에서 지나치게 통제하려는 시도
- 사회적 철회와 고립
- 술이나 기타 약물에 의존함
- 업무에 과도하게 집착함
- 수면 습관에 심한 변화를 보임(예: 잠을 자지 않으려 하거나 잠자리에서 일어나지 않으려 함)
- 가정폭력을 포함해서 대인 관계에서의 심각한 어려움
- 절망감을 동반한 우울증(이는 높은 자살 위험과 관련되므로 주의를 요함)
- 불필요한 위험 행위

3) 기관의 심리요원 보호

심리요원을 모집 및 파견하는 기관은 후원과 정책을 통해 심리요원들의 극심한 스트레스의 위험을 감소시킬 수 있으며, 다음과 같은 사항이 포함된다.

- 교대 시간이 12시간을 넘지 않도록 제한하고, 휴식을 권할 것
- 높은 위험에 노출된 심리요원은 좀 더 위험 수준이 낮은 곳으로 교대시킬 것
- 휴식 혹은 현장에서 잠시 떠나 있도록 지시할 것
- 행정, 지도 · 감독, 지지를 포함하여 모든 수준에서 심리요원들을 충분히 파악할 것
- 심리요원들이 파트너와 함께 일하고 서로 자문을 주고받도록 격려할 것
- 다음과 같은 위험이 높은 심리요원을 모니터할 것
  - 재난의 생존자
  - 재난 생존자나 재난 공동체에 반복적으로 노출된 경우
  - 기존에 높은 위험 요인을 지니고 있던 경우

- 단기간에 여러 재난 현장에서 활동한 것을 포함하여 복합적인 스트레스를 경험한 경우
- 슈퍼비전, 사례 회의, 책임자의 평가를 받도록 할 것
- 스트레스 관리에 관한 훈련을 받도록 안내할 것

4) 심리요원의 자기 보호

심리요원의 자기 보호를 촉진하는 활동에는 다음과 같은 사항이 포함된다.

- 개인적 자원을 관리하기
- 가족/가정의 안전을 계획하기(예: 자녀나 애완동물 돌보기 계획 세우기)
- 적절한 운동과 영양 섭취, 이완하기
- 다음과 같은 스트레스 관리방법을 정기적으로 사용할 것
  - 걱정거리를 공유하는 슈퍼비전에 정기적으로 참여하고, 어려운 경험을 파악하며, 문제를 해결하기 위한 전략 세우기
  - 근무 시간 동안 간단한 이완 기법 연습하기
  - 동료들과 부정적인 정서를 나누고, 심리적 지지를 주고받기
  - 자신의 한계와 욕구를 인식하기
  - 자신의 몸과 마음의 상태를 인식하기(예: 배고프거나 화나거나 외롭거나 피곤한 상태를 알아차리기)
  - 긍정적인 활동을 증가시키기
  - 신앙, 철학 및 영성 훈련하기
  - 가족 및 친구들과 시간 보내기
  - 스트레스를 해소하는 방법 배우기
  - 글쓰기, 그림 그리기
  - 카페인이나 담배, 물질 사용을 제한하기

또한 가능한 한 다음과 같은 자세를 지니기 위해 최선을 다해야 한다.

- 자기 자신을 모니터하고 페이스를 조절하라.
- 경계를 유지하라. 다른 심리요원에게 위임하고, "No!"라고 말하며, 한 번에 너무 많은 생존자와 작업하는 것을 피하라.
- 동료, 가족, 친구들과 규칙적인 만남을 가져라.
- 파트너와 함께 또는 팀 단위로 일하라.
- 스트레스를 관리하고, 자신의 몸을 돌보며, 기분 전환을 위해 적절한 휴식을 취하고, 이완하라.
- 자문과 슈퍼비전을 정기적으로 받아라.
- 융통성과 인내심, 관대함을 가지려고 노력하라.
- 당신이 모든 것을 변화시킬 수 없다는 사실을 수용하라.

다음과 같은 활동에 참여하는 것은 피해야 한다.

- 동료 없이 혼자 장기간 일하는 것
- 거의 쉬지 않고 주야로 일하는 것
- 부적절성 또는 무능감을 강화하는 부정적인 혼잣말
- 위안을 얻기 위해 음식이나 술을 지나치게 먹는 것
- 일반적으로 자기 보호에 해가 되는 태도
  - '이런 상황에서 쉬는 것은 이기적인 일이야.'
  - '다른 사람들은 주야로 일하니까 나도 그렇게 해야 해.'
  - '생존자의 욕구는 우리 심리요원들의 욕구보다 더 중요해.'
  - '내가 하루 종일 일해야만 가장 큰 기여를 할 수 있어.'
  - '나만이 X, Y, Z를 할 수 있어.'

3 사후 고려 사항

심리요원들이 임무를 마치고 집으로 돌아가면 재적응의 기간이 필요하며, 이를 위하여 다음과 같은 준비를 해야 한다.

1) 기관의 심리요원 보호

기관은 심리요원을 보호하기 위해 다음과 같이 해야 한다.

- 개인적 외상이나 상실을 경험한 심리요원에게는 휴식을 취할 것을 권고한다.
- 심리요원이 자신의 임무에 대해 가족과 의사소통하는 방법에 관한 정보 제공을 포함해서 심리요원에게 도움을 주어야 한다.
- 필요하다면 심리요원이 상담을 받을 수 있도록 격려하고, 정보를 제공한다.
- 스트레스 관리에 대해 교육한다.
- 연락처를 공유하거나 회의를 계획함으로써 심리요원들이 서로 소통할 수 있는 기회를 마련한다.
- 작업의 긍정적인 측면에 관한 정보를 제공한다.

2) 심리요원의 자기 보호

심리요원은 자신을 보호하기 위해 다음과 같은 자세로 최선을 다해야 한다.

- 사회적 지지를 추구하고 제공받으라.
- 다른 심리요원들과 심리 지원 활동에 대해 논의하라.
- 동료들의 지지를 구하라.
- 정상적인 생활로 되돌아가기 위해 휴가 또는 점진적인 재통합을 위한 시간을 계획하라.

• 세상은 대체로 안전하고 믿을 만하다는 관점을 가지고 있는지 점검하라.
• 극심한 스트레스가 2~3주 이상 지속된다면, 이를 다루기 위한 공식적인 도움을 요청하라.
• 여가 활동이나 스트레스 관리, 운동에 참여하라.
• 건강과 영양 섭취에 좀 더 관심을 기울여라.
• 친밀한 대인 관계 형성 및 유지에 좀 더 관심을 기울여라.
• 좋은 수면 습관을 유지하라.
• 자기반성의 시간을 가져라.
• 베푸는 것뿐만 아니라 다른 사람들에게서 받는 것을 연습하라.
• 즐거운 일, 웃을 수 있는 일을 찾아라.
• 때로는 책임을 맡지 않거나 '전문가'가 되지 않는 경험을 하라.
• 당신에게 영적인 또는 철학적인 의미를 주는 경험을 하라.
• 어떤 생각이나 꿈이 반복되는 것을 경험할 수 있는데, 이것은 시간이 지나면 차차 사라질 것이라는 사실을 인지하라.
• 글을 쓰는 것도 걱정을 줄이는 데 도움이 된다.
• 가정으로 돌아가서 적응하기 어렵거나 과민해지는 것 같다면 도움을 요청하라.

다음의 사항을 피하기 위해 최선을 다하라.

• 술이나 불법 약물의 지나친 사용 또는 처방 약의 과량 복용
• 적어도 한 달 동안 인생에서 큰 변화를 만드는 것
• 임무를 수행하는 동안 당신이 기여한 바를 부정적으로 평가하는 것
• 재적응에 대해 걱정하는 것
• 자기 보호의 장애물
  - 지나치게 바쁘게 지내는 것
  - 자기 보호보다 타인을 돕는 것이 더 중요하다고 여기는 것
  - 구조 작업에 대한 대화를 회피하는 것

글상자 1

심리요원의 소진

재난 현장에서 일하는 심리요원들은 대개 인간 중심적이고 공감적이고 민감하며 자신의 임무에 헌신적이고 참여적인 사람들이지만, 자기관리를 잘하지 않으면 극심한 스트레스와 소진이 나타날 수 있다.

• **소진이란**(burnout)

소진이란 감정, 태도, 동기 및 기대를 포함한 심리적 경험(Maslach, 1982)으로, 정서적 요구가 지나친 상황에 장기간 관여함으로써 야기된 신체적 · 정신적 · 정서적 고갈 상태를 의미한다. 소진 상태에서는 신체적 고갈, 무력감, 무망감, 환멸, 부정적인 자기개념, 직업이나 인간, 인생 자체에 대한 부정적인 태도 등이 동반된다.

• **소진의 이유**(James & Gilliland, 2001)

- **역할 모호성**(role ambiguity) 자기 자신 또는 자신이 속한 기관의 권한, 지위, 목표, 방법, 책임, 권리에 대한 명료성이 부족한 경우
- **역할 갈등**(role conflict) 자신에게 부여된 임무가 자신의 가치관 및 윤리와 양립할 수 없고, 불일치하며 부적절한 경우
- **역할 과부하**(role overload) 자신에게 부여된 역할이 너무 많고, 임무가 매우 중대한 경우
- **불합리성**(inconsequentiality) 아무리 열심히 일을 해도 인식, 성취, 평가 또는 성공의 측면에서 달라지는 결과가 거의 없는 경우
- **고립**(isolation) 사회적 지지가 거의 없는 경우
- **자율성**(autonomy) 자신이 무엇을 할지, 그리고 내담자를 어떻게 다룰 것인지를 상사나 관료가 마음대로 결정하는 바람에 자신의 의사결정 능력이 제한되는 경우

• **소진의 단계**

Edelwich와 Brodsky(1982)는 소진에 이르게 되는 전형적인 사례를 네 단계로 정의하였는데, 이를 재난 현장에 적합하게 재구성하면 다음과 같다.

- **1단계: 열정**(enthusiasm) 비현실적인 기대와 의욕을 가지고 재난 현장에 뛰어든다. 심리요원의 역할에 관한 오리엔테이션 및 훈련 프로그램을 통해 현실을 직면하지 못한다면 장밋빛 관점은 침체 단계로 가게 될 것이다.
- **2단계: 침체**(stagnation) 심리요원의 여러 가지 욕구가 충족되지 않을 때 침체가 일어

난다. 생존자와 그 가족이 "정말 좋은 일을 하시네요, 감사합니다."라고 인사하는 것처럼 내적 · 외적 강화가 존재한다면 다음 단계로 진행되지 않는다.

- **3단계: 좌절**(frustration) 좌절은 심리요원이 고통을 겪고 있음을 시사한다. 심리요원은 넘기 힘든 장애물에 직면해서 자신이 노력한 것의 효과와 가치, 영향력에 대해 회의를 품기 시작한다. 조직 환경에서 소진은 전염성이 있기 때문에, 한 사람의 좌절은 다른 사람에게도 도미노 효과를 가져오기 쉽다. 가장 적절한 대처방법은 휴식과 안정, 심리적 지지를 추구하고, 소진 증후군의 인식 증가 및 문제 해결을 목표로 하는 집단 프로그램에 참여하는 것이다.
- **4단계: 무감각**(apathy) 무감각이 바로 소진이다. 이는 상황에 대한 만성적인 무감각과 개입 노력에 대한 거부로 표현된다. 무감각은 평형이 깨진 부동 상태로, 진정한 위기 단계로 간주된다. 지금 무슨 일이 일어나고 있는지에 대한 객관적인 이해가 거의 없이 부인하는 것은 상황을 더욱 복잡하게 만든다. 만일 회복이 일어나지 않으면 이 단계에 있는 심리요원은 의무적으로 심리치료를 받아야 한다.

• **소진의 예방방법**

- 자신을 모니터하라(스트레스의 근원, 양, 빈도 등)
- 규칙적인 식사, 수면, 및 휴식을 취하도록 노력하라
- 자신의 감정과 생각을 점검하라
- 재난 관련 미디어(방송, 신문, 인터넷, SNS)에 몰두하지 말라
- 주변의 가까운 사람, 지지해 주는 사람들과 힘든 것을 이야기하라
- 일과 여가의 균형을 맞춰라
- 지금이 힘든 시기라는 것을 인정하고 자신을 격려하라
- 자신을 위한 '편안한 장소'를 만들라
- 혼자서 해결하기 어려운 때는 주저 없이 전문가의 도움을 청하라
- 특정 문제에 대해 지나치게 전문화함으로써 오는 소진될 가능성을 피하라

PART
3

심리적 응급처치의 실제

chapter 7

단계에 따른 심리적 응급처치

이 장에서 소개하는 심리적 응급처치의 내용은 미국 National Child Traumatic Stress Network와 National Center for PTSD에서 개발한 것을 참고하여 우리 문화에 적절하게 재구성한 것이다.

제1장에서도 밝힌 바와 같이 심리적 응급처치의 중심 원리는 대부분의 사람이 정상적으로 회복할 것을 예상하면서, 각 개인에 대한 주의 깊은 평가에 기초해야 하고, 사건 후 경과 단계에 따라 달라져야 한다.

■ 사건 후 경과 단계에 따른 초기 심리적 개입

미국정신보건원(2002)에서는 심각한 재난이나 외상 스트레스에 노출된 사람들이 대개 다음과 같은 반응 단계를 거친다고 보았으며, 각 단계에 맞는 초기 개입이 이루어져야 함을 강조하였다.

(1) 사건 전 단계(사건 전): 사건 발생 이전

이 단계에서 흔히 일어나는 행동은 미래에 일어날 수 있는 사건에 대비하거나 혹은 그런 일이 일어날 가능성을 부인하는 것이다. 심리요원은 사건이 발생하기 전에 사람들을 훈련시키고, 정보를 제공하며, 사건이 일어났을 때 신속히 협력할 수 있는 네트워크를 구성해야 한다.

(2) 충격 단계 혹은 급성 단계(0~48시간): 사건 발생 직후

이 단계에서 흔히 관찰되는 행동으로 투쟁/도피 반응이 일어나며, 얼어붙거나 항복하는 등의 행동을 보인다. 이 단계에서 심리요원의 주요 활동은 생존자의 기본적인 욕구를 파악하고, 심리적 응급처치를 하는 것이다. 이 단계의 응급처치의 주된 내용은 정보를 제공하고, 위안을 주며, 실질적인 도움을 주는 것이다.

(3) 구출 단계 혹은 반응 단계(0~1주)

사건이 발생한 후 일주일 이내의 시기로서 생존자들은 탄력적 행동 혹은 소진 행동을 보인다. 이 단계에서 심리요원의 역할은 크게 세 가지로 볼 수 있다. 첫째, 생존자들의 현재 상태를 평가하고, 이들의 욕구가 얼마나 잘 다루어지고 있는지를 파악한다. 둘째, 선별(triage) 작업을 통해 고위험자를 가려내고, 이들을 적절한 의료기관에 의뢰한다. 셋째, 아웃리치 연계활동을 한다.

➡ 트리아지(triage)란 무엇인가

일반적으로 큰 사고, 대규모 재해 등으로 다수의 부상자가 발생했을 때 생존자의 문제를 일차적으로 즉각적이고도 신속하게 평가하는 것을 말한다. 그 결과 중증도와 긴급성을 분류하여 그에 따른 적절한 조치를 생존자에게 제공하도록 한다.

(4) 회복 단계(1~4주)

사건이 일어난 후 4주간의 기간이 이에 해당되며, 생존자들은 이 단계에서 애도하고, 재평가하며, 침습적인 기억을 경험한다. 심리요원들은 이 단계에서 회복이 일어나고 있는 환경과 생존자, 제공되고 있는 서비스를 종합적으로 모니터하며, 회복과 탄력적 적응을 도와야 한다.

(5) 재통합 단계(2주~2년)

사건이 일어난 후 2주에서 2년까지의 기간으로, 개인에 따라 재통합하는 데 걸리는 기간이 달라진다. 이 단계는 외상 사건을 자신의 삶에 통합하는 단계로서, 심리요원은 필요한 경우에 생존자를 치료에 의뢰하여 증상을 감소시키고 기능을 증진하도록 돕는다.

글상자 1

반응 단계에 따른 초기 심리적 개입(NIMM, 2002)

반응 단계	사건 전	충격 단계 (0~2일)	구출 단계 (0~1주)	회복 단계 (1~4주)	재통합 단계 (2주~2년)
개입의 목표	준비 및 대처	생존, 의사소통	적응	평가/계획	재통합
주로 보이는 행동	준비 대 부인	투쟁/도피, 얼어붙음, 항복 등	탄력 대 소진	애도, 재평가, 침입적 기억, 이야기 구성	적응 대 공포증, PTSD, 우울증 등
조력자의 역할	준비, 훈련, 지식 습득	구출, 보호	오리엔테이션, 요구 충족	민감하게 반응함	도움을 계속 제공함
정신건강 전문가의 역할	**준비** • 훈련 • 지식 습득 • 협력 • 재난정책 수립 • 심리 지원	**기본적 요구 충족** • 생존, 안전, 안정 확보 • 음식과 거처 마련 • 오리엔테이션 제공 • 가족과 친지와 연락하도록 도움 • 지속된 위험의 모니터 **심리적 응급처치** • 지원과 곁에 있어 줌 • 가족과 같이 있도록 해 줌 • 정보와 교육 제공 • 생존자가 더 피해를 입지 않도록 보호 • 생리적 각성을 가라앉힘 **지속적인 모니터링** • 가장 많이 영향을 받은 사람이 누구인지 관찰함 • 스트레스 평가 **기술적 지원, 자문과 훈련** • 조력자나 기관에 대한 자문과 기술적 지원 및 훈련을 제공함	**요구에 대한 평가** • 생존자들의 요구가 잘 충족되고 있는지 평가함 • 개인이나 집단 및 지역사회에 추가적인 개입이 필요한지 평가함 **트리아지(triage)** • 임상적 평가 • 필요할 때 전문가에게 의뢰함 • 취약군, 고위험군을 파악함 • 응급 입원이나 외래에 의뢰함 **아웃리치와 정보 제공** • 서비스를 요청하지 않은 사람들도 살펴봄 • 생존자들에게 가능한 서비스에 대한 정보를 제공함 • 대처나 회복과정에 대한 정보를 제공함	**회복 환경에 대한 모니터링** • 가장 많이 영향을 받은 사람을 관찰함 • 과거나 현재에 위협이 없는지 모니터함 • 제공되는 서비스가 적절한지 모니터함	**치료** • 개인 혹은 집단 심리치료 • 약물치료 • 단기 혹은 장기 입원치료

chapter 8

심리적 응급처치의 구체적 방법

이번 장에서는 심리적 응급처치의 가장 핵심적인 활동인 ① 첫 접촉과 라포 형성, ② 안전에 대한 확인, ③ 심리적 안정화, ④ 정보 수집, ⑤ 문제 해결에 대한 안내, ⑥ 회복을 위한 준비 등에 대해 자세히 소개하고자 한다. 심리적 응급처치는 재난 및 외상 사건이 발생한 수일 혹은 수주일 내에 제공되는 초기 조력활동이므로, 생존자의 필요에 따라 융통성 있게 각 활동을 활용하는 것이 필요하다.

1 첫 접촉과 라포 형성

1) 심리요원 자신을 소개하기

심리요원은 처음 생존자에게 접근할 때 먼저 말을 걸어도 되는지 허락을 구한 뒤, 자신에 대해 소개한다. 소개할 때는 자신의 이름과 소속(예: 적십자 심리구호요원, 소방방재청 임명 지역 심리전문가)을 명확하게 밝힘으로써 재난 현장에서 심리적 전문가로 활동할 수 있는 공인된 자격을 지녔음을 분명히 전달한다. 재난 현장에는 흔히 각종 사설 기관과 종교 단체, 각종 자원봉사 단체에서 지원활동을 하기 때문에 생존자와 가족들은 누가 전문가인지 알기 어렵고, 너무 많은 사람들이 접근하여 대화를 시도하기 때문에 거부 반응을 보일 수 있다. 심리요원은 이러한 가능성에 대한 사전 이해를 가지고 자신들이 공인된 전문가임을 인식시키는 것이 중요하다.

- 가급적 앉아서 대화하고, 환경이 지나치게 어수선한 경우 비밀을 보장하는 의미에서 최대한 조용한 곳으로 옮기고, 조용하고 낮은 목소리 톤으로 대화한다.

- 소개가 이루어진 후에 일차적으로 물어보아야 하는 것은 지금 당장 생존자나 가족이 필요로 하는 것이다. 특히, 의료적 처치가 필요한 경우가 최우선적 순위를 차지한다.

- 아동이나 청소년의 경우 대화를 시도하기 전에 먼저 부모나 다른 보호자에게 심리요원 자신을 소개하고, 그들과 이야기를 나누어도 되는지 허락을 구하는 것이 좋다.

2) 비밀 보장

- 생존자나 가족과 대화를 시작하기 이전에 서로 나누는 대화 내용을 타인에게 공개해도 되는지, 누구에게는 공개하고 누구에게는 공개하고 싶지 않은지 등을

구두로 확인함으로써 심리요원이 비밀 보장을 존중하고 있음을 보여 준다.

- 현장에서 함께 활동하는 동료 심리요원들과는 기본적으로 대화 내용을 서로 공유할 수 있으나, 그 외 실무자(예: 의료진, 적십자 관계자, 정부 기관 행정가, 타 기관/단체 소속 활동가, 심리요원이 아닌 심리학자나 상담자, 언론사 소속 관계자, 경찰, 소방대원)에 대해서는 사전에 생존자의 동의를 받고 정보를 제공하는 것이 원칙이다.

2 안전에 대한 확인

1) 신체적 안전

- 심리요원은 우선적으로 생존자나 가족이 물리적으로 안전하도록 도와야 할 뿐 아니라, 그들이 주관적으로도 자신의 신체가 안전하게 보호받을 수 있다는 것을 느끼게 해 주어야 한다. 심리적 쇼크 반응(예: 창백한 안색, 맥박 이상, 어지러움, 멍한 눈빛, 질문에 반응이 없음, 소변 조절이 안 됨)이 있는지 확인하고, 신체 건강상의 처치가 필요한 경우 즉시 의료진에게 데려간다.

- 자해나 타인에 대한 폭력적 행위(예: 동반 자살)의 가능성 여부를 탐색하고, 이에 대한 즉각적인 조치를 취한다(제10장 '글상자 8' 참조).

2) 심리적 안전

- 위기 현장에서 생존자와 가족들은 대개 현재 어떤 구호활동이 진행되고 있으며, 앞으로 어떤 상황이 벌어질 것인가에 대해 불안해한다. 따라서 심리요원은 생존자와 가족을 위해 이루어지고 있는 외부적 지원이나 구호 노력에 대해 수시로 정확한 정보를 전달함으로써 심리적으로 그들 자신이 지지받고 있고 안전하다는 것을 느끼도록 도와주어야 한다.

3) 사회적 상호작용의 확대

- 아동이나 청소년의 경우 위기 상황에서 성인들의 반응을 통해 안전함을 확인하고 대처행동을 모방한다. 따라서 비교적 침착하고 차분하게 대응하고 있는 또래나 성인의 곁에 배치하는 것이 좋다.

• 성인의 경우 생존자들 가운데 심리적 상태가 상대적으로 안정된 이들에게 다른 생존자들을 돌보거나 구호활동에 부분적으로 참여시킴으로써 능동적 대처 방식을 강화하고, 동시에 다른 생존자들의 역할 모델이 될 수 있도록 유도한다.

4) 보호자와 분리된 아동

• 위기 현장에서 보호자가 곁에 없는 아동은 일차적 관심 대상 가운데 하나다. 심리요원은 아동을 통해 보호자에 대한 정보를 얻고, 가능한 경우 찾아서 연계해주며, 만약 그것이 불가능하다면 아동이 신뢰할 수 있는 사람을 찾아 함께 있도록 한다. 아동이 누구와도 연계될 수 없다면, 심리요원은 다른 자원활동가나 심리요원에게 의뢰하여 아동의 보호자가 나타날 때까지 함께 있어 주도록 한다.

5) 외상 사건을 떠올리게 하는 자극으로부터의 보호

• 사고 현장을 떠올리게 하는 냄새, 소리 등의 자극이 없는 공간으로 생존자를 이동시키고, 현장을 기웃거리는 구경꾼 등으로부터 보호하는 것이 필요하다.

• 심리적으로 안정되지 않은 상태에서 생존자가 기자나 변호사 등 특정 직업인과 만나 질문에 응답하는 것은 이후 심리적 상처를 심화할 수 있기 때문에, 심리요원은 이와 같은 가능성에 대하여 미리 생존자나 가족들과 이야기를 나누는 것이 좋다. 생존자나 가족들 가운데 대표를 정하여 언론 매체나 외부인들과의 접촉을 공식적인 경로를 통해서 하도록 권하는 것도 좋은 방법이다.

6) 가족이나 가까운 이가 사망한 생존자에 대한 특별한 주의

• 가족이나 가까운 이가 사망한 경우, 가능하다면 관련된 이들을 소집단으로 모이게 하여 슬픔을 나누고 대처하게 한다. 이 과정에서 심리요원은 사람들마다 애도와 슬픔을 표현하는 방식이 다를 수 있으며, 그것이 사망한 이에 대한 관

심과 애정의 정도를 나타내는 것은 아님을 교육해야 할 경우도 발생한다(예: 눈물을 흘릴 수도 있고, 그렇지 않을 수도 있음). 자신을 비롯한 다른 사람들의 슬픔의 표현 방식이 잘못된 것이 아니며, 서로의 표현 방식을 존중해야 함을 설명해 준다.

- 사망 소식이 전해진 직후 곧바로 위로하려 하기보다는 상대방이 그 사실에 대해 먼저 반응할 수 있도록 시간을 주는 것이 좋다. 매우 강렬한 정서적 반응이 나타날 것임을 예상하되, 초기의 그와 같은 강렬한 정서 반응은 대체로 시간이 지날수록 완화된다는 것을 이해한다.

- 의료적 처치가 필요한 상황이 발생할 수 있음에 대비하여 미리 대처방법을 준비한다. 또한 가족 가운데 자살이나 극단적인 행동을 보일 가능성에 대비하여 가족 구성원 각각의 언어적 · 비언어적 단서에 세심한 주의를 기울이고, 경우에 따라서는 적극적으로 위기 진단을 하여 적절한 의뢰나 조치를 취한다.

- 주변의 사회적 지지 체계를 확인하고 가용하도록 한다. 심리요원은 단순히 사회적 지지 체계로부터 도움을 받을 것을 권유하기보다는 친지에게 전화를 거는 등 구체적인 행동을 실행에 옮길 수 있도록 도와야 한다.

- 사망자의 유품이나 사체, 사진 등을 확인해야 하는 경우, 가급적 가족 구성원들이 소집단으로 함께하는 것이 좋다. 하지만 이때 아동이나 청소년은 데리고 가지 않는 것이 바람직하다.

- 대부분의 유가족은 사체가 어디서, 어떤 형태로 발견되었는지, 사망 당시 어떤 고통을 겪었거나 경험을 했을지 궁금해하며 물어본다. 흔히 관계자들은 이러한 물음에 답변하기를 꺼려 하여 사실대로 이야기해 주지 않는데, 이것이 유가족에게 더 큰 고통을 줄 수 있다. 따라서 지나치게 상세한 설명은 아니더라도 사망자를 발견했을 당시의 상태에 대해 어느 정도는 객관적으로 알려 주는 것이 도움

이 될 수 있다.

- 가족들이 사체를 확인한 후 사망자의 아동 혹은 청소년 자녀에게 그 사실을 전달할 때 심리요원이 곁에서 도와주는 것이 필요하다. 이때는 위로하거나 대처방법 등에 대해 말하기보다는 감정을 있는 그대로 들어 주고 공감해 주며 정서적인 지지를 해 주는 것으로 충분하다.

- 유가족이 사망자의 아동 혹은 청소년 자녀에게 어떤 말을 어떻게 하는 것이 좋은지 미리 정보를 주는 것이 도움이 된다.

예) "아버지(사망자)는 지금 전혀 고통이 없단다. 비록 아버지는 이제 안 계시지만 내가(우리가) 너희를 아끼고 잘 돌볼 것을 약속할게."

- 아동이나 청소년이 사체의 상태에 대해 구체적으로 물을 경우 알려 주지 않는 것이 좋다. 유가족은 대신 다음과 같이 답변할 수 있을 것이다.

예) "아버지가 돌아가신 모습을 보는 것이 나도 결코 쉽지는 않았어. 하지만 아마 아버지는 평소에 우리와 함께 즐겁게 보낼 때의 모습을 더 많이 기억하기를 원하실 거야. 전에 같이 등산도 가고 낚시도 갔을 때 기억나지? 우리 그런 순간을 더 많이 떠올리면서, 그때 아버지의 모습을 기억해 보자."

- 심리요원은 가급적 다음과 같은 말은 피하도록 한다.
  - "지금 어떤 기분인지 알아요."
  - "아마도 그럴 수밖에 없었을 거예요."
  - "그분은 아마 지금 좋은 곳에 가셨을 거예요."
  - "그분의 삶이 거기까지였나 봅니다."
  - "그나마 숨이 빨리 끊어져서 다행이었습니다."
  - "다른 이야기를 하도록 하지요."
  - "이 일을 극복하도록 노력하셔야 합니다."
  - "당신은 이 일을 극복할 수 있을 만큼 강한 사람입니다."

- "이처럼 큰일은 우리를 강하게 만들 수도 있어요."
- "당신은 곧 나아지실 거예요."
- "당신은 할 수 있는 최선을 다하셨어요."
- "현재의 상황을 이겨 내기 위해서는 지금부터 충분히 애도과정을 거치셔야 합니다."
- "적어도 당신은 살았으니 다행이에요."
- "그래도 다른 사람들은 살았으니 얼마나 다행이에요."
- "그래도 부모님(혹은 형제자매 등)은 살아 있잖아요."
- "그건 아마 신의 뜻이었을 겁니다."
- "신은 우리가 감당할 수 있을 만큼의 고난을 주십니다."
- "(아이에게) 너는 이제부터 우리 집안의 가장이야. 울지 말고 강인해져야 해."
- "언젠가는 이 일로부터 삶의 의미를 찾으실 거예요."

- 심리요원이 해야 하는 바람직한 반응은 다음과 같다.
  - 슬퍼하고 있는 이에게 그런 반응이 충분히 이해가 되고, 그럴 수밖에 없을 것이라고 말한다.
  - 사망한 사람의 이름을 구체적으로 사용한다(가급적 '망자'라는 용어는 사용하지 말 것).
  - 한동안은 그처럼 슬프거나, 외롭거나, 화가 나는 등의 감정을 겪게 될 수 있다고 말해 준다.
  - 만약 시간이 한참 흐른 뒤에도 애도 반응이 극심하거나 우울증이 심해서 일상생활에 지장이 생긴다면, 애도과정을 잘 다룰 수 있는 전문상담자나 종교인을 만나 볼 것을 권유한다.
  - 후속적으로 도움을 받을 수 있는 조치를 마련해 준다.

7) 영성적 이슈에 주의를 기울이기

- 종교의 유무와 상관없이 "혹시 종교나 영적인 조언이 지금 필요하신가요?"라

는 제안을 해 본다. 만약 이러한 제안을 받아들인다면 생존자가 만나고 싶어 하는 특정 종교인을 소개해 준다.

• 종교적 이슈에 대해 논쟁하거나 교정하려 하지 않는 것이 중요하다. 생존자가 신에 대해 분노를 표출하거나 종교적 · 영적 질문을 할 때면, 어떤 구체적인 해답을 듣기 위해서가 아니라는 것을 알고, 조용히 들어 주고 공감해 주는 것으로 충분하다.

• 가능하다면 혼자서 기도하거나 종교적으로 의지할 수 있는 공간을 마련해 주는 것이 좋다.

8) 외상적 애도 반응이 나타날 때 전문가에게 의뢰하기

• 외상적 사건으로 인해 사별을 경험하게 될 때는 일반적인 다른 죽음에 비해서 애도 반응에 비해 훨씬 더 강렬하고 길게 지속될 수 있다. 특히 압도적으로 느껴질 만한 수준의 강렬한 정서적 반응들에 대해서 부적응적인 대처방법을 통해서 해결하려고 하면서 애도의 과정이 더 이상 진행되지 못하고 교착될 때 이를 외상적 애도(traumatic grieving)라고 한다. 외상적 애도는 급성 애도 반응을 장기화시키며 심리적 위기를 유발할 수 있다. 따라서 고인에 대해 좋았던 기억보다는 끔찍하거나 고통스러운 장면이 더 자주 떠오르거나, 가족이나 가까운 사람들과 만나지 않고 혼자서 지내려고 할 때, 그리고 외상적 사망 사건이 기억난다는 이유로 일상 활동을 하지 않으려고 할 때에는 전문가에게 의뢰하는 것이 바람직하다.

3 심리적 안정화

1) 정서적 쇼크 반응

- 심리요원은 생존자나 그 가족에게서 다음과 같은 쇼크 반응이 나타나는지 주의를 기울여서 관찰해야 한다.
  - 초점이 없는 멍한 눈빛
  - 질문에 답변이 없거나 느림
  - 행동의 지향점이 없음(예: 의미 없거나 목적 없는 행동을 반복함)
  - 강렬한 정서적 반응(예: 울음을 그칠 수 없음, 숨쉬기가 어려움, 몸을 앞뒤로 흔듦, 퇴행적 행동)
  - 통제할 수 없는 강렬한 신체적 반응(예: 부들부들 떨림)
  - 미친 듯이 뭔가를 찾는 행동
  - 위험한 행동의 시도(예: 차도에 뛰어들기)

- 만약 생존자가 앞서 언급된 것과 같은 반응을 보인다면 심리요원은 다음의 사항을 점검해 본다.
  - 생존자가 가족이나 가까운 누군가와 지금 함께 있는가? 만약 그렇지 않다면 대안적 지지망은 무엇인가? 어떻게 하면 최대한 빨리 사회적 지지 체계와 연계하여 생존자를 진정시키는 데 참여시킬 수 있는가?
  - 생존자가 지금 경험하고 있는 것은 무엇인가(예: 공황 발작이 일어나고 있는가, 플래시백을 겪고 있는가, 끔찍한 일이 다시 일어날 것이라고 상상하고 있는가)? 지금 당장 생존자가 겪고 있는 것이 무엇인지 파악하고, 그것에 맞게 구체적으로 대처해야 한다. 이때 막연하게 진정하라고 말하는 것은 도움이 되지 않는다.

2) 정서적으로 압도당한 생존자의 구체적인 행동 판단을 돕기

- 생존자가 구체적인 행동을 판단하고 실행하도록 하기 위해서 몇 가지 간단한 정보를 제공해 준다.
  - 강렬한 정서적 경험은 왔다가 사라졌다가를 반복하게 된다. 즉, 현재의 강렬한 정서 상태가 지속되지는 않고, 시간이 지나면서 저절로 진정된다. 하지만 정서가 진정되었다고 하더라도 이후에 다시 강렬한 정서 상태를 경험할 수 있음을 예상하는 것이 중요하다.

    예) "아무리 강렬한 ◯◯(예: 분노, 슬픔, 두려움)를 느낀다 하더라도 이러한 감정은 잠시 머물렀다 사라지게 됩니다. ◯◯를 느낄 때 몸이 각성되어 신체 일부분이 반응하는 것을 느낄 수 있을 텐데, 인간의 몸은 장 시간 동안 이러한 반응을 유지할 수 없습니다. 그렇기 때문에 당신을 힘들게 하는 ◯◯는 마치 밀물과 썰물처럼 잠시 당신을 찾아왔다가 사라지고, 또다시 찾아왔다 사라지기를 반복할 수 있습니다."

  - 외상 경험이 어떻게 신체적 · 정서적 반응을 일으킬 수 있는지 쉽고 간단하게 설명한다. 아동의 경우는 이해하기 쉽게 설명해 주는 것이 필요하다('글상자 1' 참조).

    예) "사람들은 충격과 공포에 휩싸이는 사건을 경험하게 되면, 그것이 현실이 아닌 것처럼 느낄 수도 있습니다. 때로는 넋이 나간 것같이 멍한 느낌이 들기도 하고, 사건과 관련된 것이나 현재 경험한 것 중에서 일부가 기억나지 않기도 합니다. 정신적 충격을 주는 사건을 경험한 이후에 인간의 뇌는 사건과 관련된 자극에 더 쉽게 반응하게 됨으로써 스스로를 위험으로부터 보호할 수 있도록 예민하게 반응하게 됩니다. 그렇기 때문에 작은 소리에도 깜짝깜짝 놀라기도 하고, 그 일과 관련된 생각이나 기억이 불쑥불쑥 떠오르기도 하며, 악몽을 꾸기도 하지요. 또한 불안하거나 두렵고 화가 날 수도 있습니다. 이러한 반응은 사람이라면 누구나 정신적 충격을 받는 사건을 경험한 이후에 겪게 되는 정상적인 스트레스 반응이라고 볼 수 있습니다. 이들 반응은 점차 잦아들면서 사건을 경험하기 이전의 상태로 돌아가게 됩니다."

  - 혼자 있고 싶더라도 가족이나 이웃과 함께 있는 것이 예후가 훨씬 더 좋음을 강조한다.

- (아동 혹은 청소년에게) 어른들도 이런 상황에서는 매우 놀라는 반응을 보일 수 있음을 설명해 줌으로써 당황하지 않도록 한다.

만일 생존자가 아동이나 청소년일 경우에는 그들의 가족(또는 현재 양육자)에게도 외상 후에 일반적으로 보일 수 있는 신체적 · 정서적 반응에 대해서 알려 주는 것이 지지적인 환경을 조성하는 데 도움이 된다. 여건이 된다면 부모들을 대상으로 간단한 심리교육을 실시하거나 이러한 내용을 포함하는 인쇄물을 제공할 수 있다. 또는 아동이나 청소년이 직접 그들의 가족에게 외상 후 반응에 대해서 설명하도록 하는 것도 하나의 방법이 될 수 있다.

글상자 1

아동 외상 생존자를 위한 심리교육 자료

■ 외상에 대한 일반적 반응(아동용)

□ 사건에 대한 기억이 불쑥불쑥 떠오름

"정말 위험하고 무서웠던 사건을 경험하면 자신에게 어떤 일이 일어났는지, 그 일은 어떤 의미가 있는 것인지를 알게 되기까지 얼마간의 시간이 필요해요. 소가 음식을 먹고 소화시키기 위해 되새김질을 하는 것과 마찬가지로 사람들은 큰 사건을 경험하고 나면 이 경험이 소화되도록 불쑥불쑥 떠오르게 되지요. 악몽을 꾸는 것도 그 사건을 소화해 나가는 방법 중 하나랍니다."

□ 작은 것에도 깜짝깜짝 놀라거나 얼어붙음

"정말 위험하고 두려움을 느낀 사건을 경험하면 그 이후에 한동안 작은 일에도 쉽게 놀라게 됩니다. 이때 가슴이 쿵쾅쿵쾅 뛰고, 식은땀이 나기도 하며, 몸이 굳어지는 느낌이 들면서 때로는 눈물이 날 것 같기도 하지요. 위험한 사건을 경험하고 나면 사람들의 몸에는 위험을 알려 주는 경고 알람 같은 것이 작동하여 그 사건과 비슷한 일을 마주했을 때 '위험해!' 라고 알려 주게 돼요. 그러면 우리의 몸은 위험으로부터 도망치거나 맞서 싸울 수 있도록 준비가 되는 것이지요. 인간이라면 본능적으로 나오는 반응이랍니다. 평상시에는 이것이 진짜 위험한 것인지 아닌지를 살펴볼 수 있지만, 위험한 사건을 경험하고 나서는 이것을 살펴보고 생각해 보기도 전에 도망치거나 싸울 준비부터 하게 되지요."

□ **사건을 떠올리는 장소, 사람, 물건, 대화를 피함**

"이것은 자연스러운 것입니다. 왜냐하면 위험했던 큰 사건에 대해 생각하는 것은 무섭기도 하고 기분을 언짢게 하기 때문이지요. 사건을 떠오르게 하는 상황을 피하는 것은 당장에는 안 좋은 느낌을 피할 수 있다는 이득이 있어요. 하지만 이것도 잠시뿐이랍니다. 이것의 문제점은 자신의 생활에서 해야 할 중요한 일(예: 친구와 놀기, 학교에서 수업 듣기)을 할 수 없도록 방해한다는 점이에요."

□ **감정 기복이 심해짐**

"위험했던 일을 경험한 이후에는 또다시 위험한 일이 생기지는 않을까 하고 항상 긴장하게 됩니다. 그리고 그 일을 떠올리면 나 자신이나 내가 한 행동에 대해서 화가 나거나 부끄럽거나 죄책감을 느끼기도 합니다. 아니면 그 일로 인해서 누군가가 죽거나 소중한 것을 잃어버렸다면 슬픔을 느끼기도 하지요. 이처럼 힘든 감정을 어느 순간에는 크게 느끼다가도 어느 순간에는 어떤 감정도 느껴지지 않는 것 같은 경험을 할 수 있는데, 이것 때문에 자신의 감정 기복이 심해졌다고 생각할 수 있어요. 하지만 위험했던 일로 인해 놀란 몸과 마음이 점차 진정되면서 이 같은 감정 기복도 차차 잦아들게 될 거예요."

□ **학교나 가정에서 집중하는 것의 어려움**

"긴장을 하고 사건에 대해 생각하느라 많은 시간을 보내고 있다면 학교 공부를 하는 것도 힘들게 느껴지고, 심지어 친구와 가족들이 말하는 것에도 집중하는 것이 어려울 수 있습니다."

□ **나쁜 일이 또다시 일어날 것 같은 느낌**

"위험했던 일을 경험한 후에는 다른 나쁜 일들이 일어날 것처럼 느껴지면서 미리 나쁜 일에 어떻게 대처할지 준비하고 싶을 수 있어요. 문제는 다음에 나쁜 일이 일어날 것을 준비하느라 너무 많은 시간을 사용해 버려서 일상생활에서 해야 할 다른 일들을 할 시간이나 에너지가 부족해질 수 있다는 거예요. 더불어 항상 어떤 나쁜 일이 곧 일어날 것이라고 생각한다면 계속해서 두려움을 느끼게 되지요."

□ **자신과 다른 사람들에 대해서 나쁘게 느끼는 것**

"위험했던 일이 발생한 이후로 자신이 정말 나쁘게 변한 것 같다고 느낄 수도 있어요. 그리고 자신이 나쁜 사람이거나 아무도 당신을 좋아하지 않는 것처럼 느끼기도 하지요. 때로는 다른 사람들이 나쁜 사람일지도 모른다는 두려움을 느낄 수도 있어요. 그래서 누구를 믿어야 하고, 누구는 믿을 수 없는지 경계하는 마음이 들 수 있어요. 이런 마음은 믿고 친하게 지낼 수 있는 사람들을 알아차리는 것이 중요하다고 느끼기 때문이에요. 자신이 나쁘다고 느껴지면 다른 사람들에게 친절하게 대하거나 재미있게 시간을 보내 것이 어려워질 수 있답니다."

• 생존자가 격렬한 심리적 반응을 보이면서 진정되지 않을 경우 다음과 같은 질문을 통해 '지금－여기'에 주의를 돌리도록 한다.

- "지금 제가 하는 말을 들으면서 저를 바로 쳐다보세요."
- "당신의 이름은 무엇입니까? 지금 여기는 어디입니까?"
- "우리가 방금 전에 무엇을 하고 있었습니까?"
- "지금 바로 눈앞에 보이는 것 몇 가지만 말해 보세요."
- "지금 몸이 의자에 닿는 느낌에 집중해 보세요. 손바닥이 의자 손잡이에 닿을 때 촉감이 어떻습니까? 발이 바닥에 닿는 느낌은 어떻습니까?"

예) "○○ 씨, 저 보이시나요? 저 보세요. 잘하셨어요. 보이는 것 세 가지만 말씀해 보세요. (생존자의 응답) 들리는 것 세 가지만 이야기해 주세요. (생존자의 응답) 몸이 어딘가에 접촉하는 느낌을 세 가지만 이야기해 보세요. (생존자의 응답) 예, 잘하셨습니다. 우리는 지금 이곳에 함께 있습니다. 이곳이 어딘지 아시겠습니까? (생존자의 응답) 네, 잘하셨습니다. ○○ 씨는 지금 안전합니다. 위험한 일을 경험한 이후에 방금 ○○ 씨가 경험한 것과 같은 흥분 상태를 보이는 것은 회복과정에서 신체가 위험에 대응하는 정상적인 반응입니다. 만일 또 이와 같은 흥분 상태를 느끼게 된다면 ○○ 씨가 방금 하신 것처럼 보이는 것, 들리는 것, 몸이 접촉하는 느낌에 집중해 보시기 바랍니다."

- 생존자의 정서적 쇼크 반응이 어떤 경험인지 파악되었다면, 이러한 반응을 유발하는 내적 · 외적 자극(예: 플래시백이나 해리 반응을 촉발하는 기억이나 신체감각적 정보)이 무엇인지를 알아본다. 정서적 쇼크 반응을 유발하는 자극이 확인되면 생존자에게 이러한 자극으로 인해 앞으로도 정서적 쇼크 반응을 다시 경험할 수도 있다는 것을 알려 주고, 이러한 반응은 정상적인 회복과정의 일부일 수 있다는 것을 함께 전달한다. 더불어 쇼크 반응이 왔을 때는 앞의 예에서 한 것처럼 그라운딩 기법(생존자가 외상과 관련된 자극으로 인하여 심한 정서적 · 신체적 반응을 보일 때 주의를 의도적으로 돌리기 위해 생존자로 하여금 본인의 신체감각에 집중하도록 유도하는 기법)을 적용하면 이를 조절하는 데 도움이 될 수 있음을 알려 생존자가 통제감을 지니도록 한다.

3) 심리적 안정화 기법

다음의 몇 가지 심리적 안정화 기법은 정서적 안정감을 느끼도록 하는 데 도움이 된다. 심리적 안정화 기법은 물리적으로 생존자의 안전이 확보된 상태에서 그 효과를 발휘할 수 있다. 심리요원은 다음의 심리적 안정화 기법에 대해서 본인이 먼저 연습해 보고, 숙지한 경우에만 생존자에게 안내하는 것이 바람직하다. 생존자에게 심리적 안정화 기법을 안내할 때는 생존자가 여러 번 심리요원과 함께 연습할 수 있도록 하고, 이 기법을 적용할 상황, 장소, 시간, 횟수 등을 구체적으로 정하는 것이 필요하다.

(1) 호흡법(focused breathing)

안정된 호흡을 통해 심리적 안정감을 유도하는 방법으로, 하루 2회 이상 매회 5분 정도 하면 불안 수준을 낮추는 데 도움이 된다.

예) "우리의 몸은 긴장된 상태와 편안하게 이완된 상태가 결코 함께할 수 없습니다. 따라서 안정된 호흡을 하게 되면 긴장된 몸의 상태를 편안하게 느끼도록 하는 데 도움이 될 수 있습니다. 천천히 숨을 들이마셨다가 잠시 멈추고 다시 천천히 숨을 내쉬면 됩니다. 이때 숨을 들이마실 때보다 내쉴 때 두 배로 더 길게 천천히 숨을 내뱉는 것이 중요합니다. 어린아이들이 숨을 쉴 때 배가 올라갔다 내려갔다 하는 것처럼 숨을 들이쉴 때 배가 올라가고 숨을 내쉴 때 배가 내려가는 느낌을 한번 느껴 보세요. 파도가 밀려왔다가 서서히 빠지는 것 같은 이미지를 떠올려 봐도 좋고, 미끄럼틀에서 내려오다가 잠시 멈추었다가 서서히 내려오는 것 같은 이미지를 떠올려 봐도 좋습니다. 그럼 제가 안내하는 대로 한번 따라와 보시겠습니까? 들이쉬고, 하나, 둘, 셋…… 멈추시고, 하나, 둘, 셋…… 내쉬고, 하나, 둘, 셋, 넷, 다섯, 여섯…… 들이쉬고, 하나, 둘, 셋…… (반복, 5분 정도 지속함)."

(2) 근육 이완법

스트레스나 불안과 같은 부정적인 감정으로 인해 긴장된 신체 근육을 이완함으로써 심리적 안정감을 유도하는 방법이다. 신체 일부에 의도적으로 힘을 서서히 주었다가 힘이 들어간 채로 잠시 멈춤 상태를 유지하고 서서히 힘을 빼는 것을 반복하는 것으로, '주먹 → 팔 → 어깨 → 얼굴 → 몸통 → 다리 → 발 → 전체' 순서로 진행한다.

예) "○○ 씨가 느끼시는 스트레스(또는 불안과 같은 부정적 감정)로 몸의 근육에 힘이 들어가고 뭉치면서 마음을 더 불안하게 하는 데 영향을 미칩니다. 따라서 의도적으로 몸의 근육을 풀어 주는 것은 마음을 안정시키는 데 도움이 될 수 있습니다. ○○ 씨가 연습하는 것을 제가 도와 드리겠습니다. 먼저 두 손을 주먹을 쥐고 서서히 힘을 주어 보세요. 힘이 잔뜩 들어갔으면 잠시 힘을 준 채로 멈추어 계세요(몇 초간 잠시 머무름). 자, 이제 서서히 힘을 빼세요. 잘하셨습니다. 다음은 팔입니다. 팔에 서서히 힘을 주어 보세요. (중략)"

(3) 안전한 장소 떠올리기(safe space)

상상으로 안전한 장소를 떠올림으로써 이완되는 효과를 볼 수 있는 기법이다. 이를 통해 내담자가 자기통제감을 유지하도록 도울 수 있다. 아동의 경우 이와 같은 과정을 거친 후에 그림으로 그려 보는 것도 도움이 될 수 있다. 단, 높은 수준의 침습을 경험하는 생존자가 안전한 장소를 떠올릴 때 위협적인 기억이나 생각이 상상 속의 안전한 장소에 침습해 오게 되면, 이 활동을 중지해야 한다.

예)

심리요원: 자꾸 불안하고 또다시 위험이 발생할 것 같을 때 마음속으로 안전한 장소를 떠올려 보면 마음이 편안해지고 안정감을 느낄 수 있습니다. 지금 함께 한번 연습해 보시면 필요하실 때 떠올리는 데 도움이 될 수 있습니다. 그럼 눈을 감고, 제 목소리를 한번 따라와 보세요. ○○ 씨에게 안전하게 느껴지는 장소를 한번 떠올려 보세요.

생존자: 네, 떠올렸어요.

심리요원: 그곳은 어딘가요?

생존자: 제 방이에요.

심리요원: 그럼 방을 한번 쭉 둘러보세요. 옆, 앞, 뒤를 쭉 둘러보세요. 무엇이 보이나요?

생존자: 책상이랑 침대요. 꽃무늬 벽지도 보여요. 책장, 창문 그리고 커튼이요.

심리요원: 자, 그럼 그곳에서 들리는 소리에 잠시 귀 기울여 보세요. 어떤 소리가 들리나요?

생존자: 아, 놀이터에서 아이들이 노는 소리가 들려요. 그리고 세탁기 돌아가는 소리와 시곗바늘 소리도 들려요.

심리요원: 이번에는 그곳에서 나는 냄새를 한번 맡아 보지요.

생존자: 빨래 마르는 냄새가 나요.

심리요원: 좋습니다. 그곳에서 ○○ 씨가 편안한 자세를 한번 취해 보세요.

생존자: 침대에 누웠어요.

심리요원: 그럼 잠시 그 자세로 계세요. 편안하게 호흡하면서 그대로 있으세요. (1~2분 정도 경과 시) 자, 그럼 편하실 때 눈을 뜨시면 됩니다. (생존자가 눈을 뜨면) 지금 몸에 주의를 두면서 확인해 보세요.

생존자: 근육이 뭉친 것이 조금 풀린 느낌이에요. 어깨가 편안해졌어요. 가슴도 그렇고요.

심리요원: 이 편안한 느낌을 좀 더 강화해 보도록 하지요. 이렇게 좌우 뇌에 자극이 될 수 있도록(양쪽 무릎 또는 어깨를 번갈아 치면서) 몸에 자극을 열두 번 정도 주면 됩니다. 한번 해 보시겠어요? (생존자가 따라 함) 그럼 다음에 불안할 때 이 장소를 쉽게 떠올릴 수 있도록 이름을 하나 붙여 놓으면 좋습니다. 뭐라고 하면 좋을까요?

생존자: 아지트요.

심리요원: 잘하셨습니다. 저는 말하지 않고 있을 테니 ○○ 씨가 한번 아지트를 떠올려 보고 느껴 보시겠습니까? (생존자가 안전한 장소를 떠올림) 잘하셨습니다. 안전하고 편안한 마음을 느끼고 싶을 때 아지트를 떠올려 보시기 바랍니다.

(4) 컨테이너(the container) 기법

외상과 관련된 침습적인 기억이나 생각이 떠올랐을 때 반추(rumination)하는 데 많은 시간을 보내느라 일상생활이 어려운 생존자의 경우, 그 기억이나 생각을 멈추고 잠시 미뤄 두는 것이 필요하다. 컨테이너 기법은 생존자가 상자의 이미지를 떠올리도록 하여 원치 않는 생각이나 기억을 그곳에 봉인하고, 정리할 여유가 생길 때까지 그것을 다루는 것을 유보하도록 하는 개입방법이다.

예)

심리요원: ○○ 씨를 괴롭히는 그 생각(또는 기억)으로 인해 현재 해야만 하는 일에 집중할 수 없을 때 다음과 같이 잠시 그 생각(또는 기억)을 미뤄 두는 방법을 사용해 보면 도움이 될 수 있습니다. 머릿속에 상자를 하나 떠올려 보세요.

생존자: 네, 떠올렸어요.

심리요원: 상자가 어떻게 생겼나요?

생존자: 농구공만 해요. 주황색이에요.

심리요원: 그 상자 안에 당신을 괴롭히는 생각(또는 기억)을 한번 넣어 볼까요?

생존자: 네, 넣었어요.

심리요원: 그럼, 그 상자의 뚜껑을 잘 닫아서 한곳에 보관합시다. 이 상자를 어디에 보관하면 좋을까요?

생존자: 음, 제 고향 집 다락방이요. 그곳이면 안심할 수 있겠어요.

심리요원: 좋습니다. ○○ 씨가 그 생각(또는 기억)을 잠시 미뤄 둬야 할 때는 머릿속에 이 상자를 떠올려 보고, 그 생각(또는 기억)을 담아 고향 집 다락방에 잠시 보관해 보시기 바랍니다.

(5) 긍정적 '나 진술문'

외상 경험을 소화하고 통합해 가는 과정에서 긍정적 인지를 하는 경우는 생존자의 회복에 도움이 된다. 만일 자신에 대해서 부정적으로 지각하고 있을 때(예: '나는 나쁘다.' '나는 쓸모가 없다.' '나는 무가치하다.' '나는 더럽다.'), 생존자가 스스로에 대해서 대안적 관점에서 바라볼 수 있도록 자기 진술문을 만들어 사용하도록 돕는다. 이때 자기개념에 대한 기술은 실제 생존자의 가능한 속성을 포함하는 것이 중요하다. 다음의 긍정적 자기 진술문은 Shapiro(2001)가 제시한 것으로, 권정옥(2011)의 번역서의 내용을 재인용한 것이다. 생존자와 면담 시 긍정적 자기개념을 강화하는 데 활용될 수 있는 자기 진술문을 탐색할 때 다음을 참고할 수 있다.

- '나는 최선을 다했어.'
- '그건 이제 지나간 일이야.'
- '그 일로 인생의 교훈을 얻을 수 있었어.'
- '나는 참을 수 있어.'
- '나는 사랑스러워.'
- '나는 좋은 사람이야.'
- '이제는 선택해도 돼.'
- '나는 성공할 수 있어.'
- '나는 처리할 수 있어.'
- '이제 나는 안전해.'

4) 수면 문제를 보이는 생존자 돕기

많은 외상 생존자들은 회복 기간 동안 수면의 어려움을 호소하기 때문에 수면의 어려움을 지속시키는 환경적인 촉발 요인을 파악하여 제거하고, 좋은 수면 습관을 유지할 수 있도록 돕는다. 다음은 Williams와 Poijula(2002)가 외상 생존자를 돕는 데 활용할 수 있는 수면에 도움이 되는 기법 중 일부를 수정하여 제시한 것이다.

- 잠들기 전에는 외상과 관련된 것을 보거나 듣거나 생각하는 것을 피한다.
  - 외상을 떠오르게 하는 텔레비전 프로그램이나 영화를 보지 않는다.
  - 가벼운 내용으로 즐길 수 있는 영상을 보는 것이 좋다.
  - 다른 사람과 대화를 나누더라도 외상과 관련된 이야기는 하지 않는다.
  - 만일 외상과 관련된 생각이나 기억이 떠오른다면 주의를 전환할 수 있는 활동(예: 따뜻한 우유 한 잔 마시기, 기도하기, 마음을 편안하게 하는 책 읽기, 미온수로 샤워하기)을 한다.

- 잠들기 전에는 긍정적인 것을 보거나 듣거나 생각한다.
  - 자연의 소리(예: 파도 소리, 새소리, 부드러운 빗소리)를 듣는다.
  - 휴대전화에 편안함을 주는 사진을 저장해 놓았다가 본다.
  - 안정감을 주는 것(예: 강아지, 부드러운 이불, 길쭉하고 푹신한 베개)을 잠자리에 함께 둔다.
  - 편안함을 주는 음악을 듣는다.

- 만일 잠자는 도중이나 침실에서 외상을 경험했을 경우, 잠자리에 들 때 외상 기억을 촉발하는 것이 있는지를 파악하고 가능한 한 변화를 주는 것이 좋다. 만일 방의 벽지나 특정한 물건이 외상 기억을 촉발한다면, 그것을 다른 것으로 바꾸거나 없애는 것이 좋다. 그리고 외상 이후에도 외상 당시와 방의 가구 배치가 동일하다면 이것들의 위치를 바꾸는 것이 도움이 될 수 있다.

- 규칙적인 수면 일정을 정해 놓고 따른다.
  - 규칙적으로 잠드는 시간을 정하여 적어도 일주일 동안 그 시간에 잠자리에 든다.
  - 저녁은 가볍게 먹고, 잠들기 두세 시간 전부터는 술, 커피, 흡연을 삼간다.
  - 저녁에 산책을 해서 몸을 적당히 피곤하게 만든다. 단, 과격하게 운동하면 몸이 각성되므로 오히려 수면에 방해가 될 수 있다.
  - 필요하다면 수면을 방해할 수 있는 소음을 막아 주는 귀마개를 사용한다.
  - 잠들기 한 시간 전부터는 언제든지 잠들 수 있도록 씻거나 챙겨야 할 일을 해 둔다.
  - 방을 안전하고 편안한 공간으로 만든다(예: 문이나 창문 점검하기, 외상을 떠올리게 하는 물건 치우기, 쾌적한 온도 유지하기).
  - 잠자리에서 이완에 도움이 되는 기법을 연습해 본다.

5) 필요한 경우 정서적 안정을 위한 약물치료에 관한 안내

- 만약 어떤 방법으로도 진정이 되지 않는 경우, 의료진에게 의뢰하여 약물 처방을 받게 한다. 심리요원은 의뢰하기 전에 생존자가 현재 복용 중인 약물이 있는지, 그것이 무엇인지, 그리고 과거에 술이나 향정신성 약물을 복용한 적이 있는지에 대해 간단하게 물어보고 의료진에게 그 정보를 전달한다.
- 일반적으로 외상에 대한 급성 반응들은 약물치료를 하지 않는 것이 권고되나 특히 다음의 경우는 약물치료를 병행하는 것을 고려해 볼 수 있다.

  첫째, 외상 전에 있던 증상(정신분열증, 우울, 불안, PTSD)이 사건으로 인해 더욱 심해 질 수 있을 때

  둘째, 수면 문제나 공항 발작 조절이 심각하여 일상생활 기능이 어려운 경우

4 정보 수집

심리적 응급처치에서 가장 중요한 원칙은 생존자의 필요와 요구에 따라 융통성 있게 개입해야 한다는 점이다. 생존자에 대한 충분한 정보를 수집할 때 그 개인에게 가장 적절한 개입을 해 줄 수 있을 것이다. 따라서 생존자와의 접촉이 이루어지고 생존자가 안정된 다음에는 정보를 수집하는 활동이 뒤따라야 한다.

대부분의 재난 현장에서 정보를 수집하는 활동은 한정된 시간으로 인해 상당히 제한을 받게 된다. 따라서 제한된 시간 안에 어떤 정보를 우선적으로 수집해야 할지를 정하는 것이 중요하다. 효과적인 심리적 응급처치를 위해 정보를 수집해야 할 주요 영역은 다음과 같다.

(1) 재난과 외상 사건의 성격과 심각도

재난과 외상 사건을 경험하던 당시에 자신이나 주요 주변 사람들(예: 가족, 사랑하는 사람, 친구)이 죽음의 위협을 당했거나 누군가가 다치거나 사망하는 것을 직접 목격하고 극심한 공포와 무력감을 느낀 경우에는 추후에 심리적 고통이 더욱 심각하고 오래 지속되는 경향이 있다. 이 부분에 대한 직접적인 정보 없이 막연하게 추측해서 개입하기보다 이와 관련된 정보를 우선적으로 수집하는 것이 필요하다. 이와 관련해서 심리요원은 생존자에게 다음과 같은 탐색적 질문을 할 수 있다.

예) "사건 당시에 어디 계셨습니까?"
"어디 다친 곳은 없었나요?"
"누구 다친 사람이 있었나요?"
"얼마나 두려웠습니까?"

➡ 재난과 외상 사건을 경험하던 당시의 정보를 수집할 때는 생존자가 이에 대해 자세히 설명하지 않도록 한다. 또는 생존자가 사건 당시의 경험을 보고하면서 불안해 보인다면 정중하고도 친절하게 다음과 같이 반응한다.

예) "지금은 당장 ○○ 씨에게 필요한 것들을 확인하고, 후속 조치에 도움이 될 수 있는 몇 가지 기본 정보만 간단하게 확인하려고 합니다. 사건 당시의 경험에 대한 자세한 이야기는 나중에 적절한 상황을 봐서 다시 할 수 있는 기회가 있을 거예요."

(2) 사랑하는 사람이나 가족의 죽음 여부

외상 사건으로 인해 사랑하는 누군가가 사망하였을 때 시간이 흐를수록 애도과정이 더욱 복잡해질 수 있다. 사랑하는 누군가의 죽음에 대한 질문은 다음과 같이 할 수 있다. 가장 기본적인 정보지만 간혹 긴박한 상황에서 빼놓고 물어보지 않을 수 있다.

예) "그 일로 인해 ○○ 씨와 가까운 사람 중에서 사망하거나 다친 사람이 있습니까? 그런 사람이 있다면 그는 누구입니까?"

(3) 사건 직후 상황이나 후속적인 위협에 대한 걱정 여부

생존자가 현재나 추후에 또다시 위험이 닥칠 수도 있다고 지나치게 걱정한다면 다음의 예와 같이 질문할 수 있다. 또한 생존자가 자신이나 가족의 안전을 확보하기 위해 얻고 싶은 정보가 있는지도 확인하는 것이 이후 개입에 도움이 된다.

예) "혹시 또다시 위험이 닥칠까 봐 걱정되시나요?"
"그것에 관해 알고 싶은 정보가 있으세요?"

(4) 가까운 가족의 안전에 대한 걱정 여부

재난과 외상 경험 직후 가까운 가족과 떨어져 있어 그들의 안위를 걱정할 때 심리적 고통은 더욱 가중된다. 이를 확인하기 위한 질문은 다음과 같다.

예) "지금 그 사람이 안전한지 걱정되는 사람이 있습니까?"
"그 사람이 어디에 있는지 알고 있습니까?"
"당신의 가족이나 친구 중에서 실종된 사람이 있습니까?"

(5) 신체적 질병이나 정신적 문제의 존재 여부 혹은 약물치료의 필요성

재난과 외상 경험 이전에 지니고 있던 의학적 또는 정신적 건강 상태는 사건 이후 회복과정에서 중요한 영향을 미친다. 특히, 정신 건강에 문제가 있었던 경우 외상 후 반응이 더욱 심하고 지속될 수 있다. 다음과 같은 질문은 신체적 · 정신적 건강 상태를 점검하고, 약물치료의 필요성을 확인하는 데 도움이 될 수 있다.

예) "치료 중인 신체적 질병이나 정신적 문제가 있나요?"
"그 약을 지금 가지고 있나요? 혹시 없다면 필요한가요?"
"당신의 담당의와 연락할 수 있습니까?"

(6) 손실 여부

재난과 외상 경험으로 인해 중요한 자산에 손실(예: 집, 학교, 이웃, 사업, 재산, 애완동물)을 입었을 때 우울감, 사기 저하, 무력감으로 인해 회복에 부정적인 영향을 미칠 수 있다. 손실에 대한 정보를 얻기 위한 질문은 다음과 같다.

예) "당신의 집이 심하게 파손됐나요?"
"당신이 중요하게 여겼던 자산 중 잃은 것이 있나요?"
"당신의 비즈니스, 학교, 이웃이 심각한 피해를 입었나요?"
"애완동물을 키우셨나요? 그 애완동물이 죽거나 사라졌나요?"

(7) 극도의 죄책감이나 수치심의 존재 여부

극심한 죄책감이나 수치심과 같은 부정적인 정서는 아동과 청소년에게는 특히나 더 고통스럽고 다루기 힘들며 도전적일 수 있다. 아동과 성인 모두 이러한 부정적인 정서에 대해 이야기하는 것에 대해 창피함을 느낄 수 있다. 따라서 심리요원은 경청하며 죄책감이나 수치심에 대한 징후를 보이는지를 살펴야 한다.

예) "그 일에 대해 ○○ 씨가 자책하고 계신 것 같네요. 맞나요?"
"○○ 씨가 뭔가를 더 했어야 했다고 느끼시는 것 같은데…… 맞나요?"

(8) 다른 사람에게 해를 가할 위험이 있는지 여부

자신 또는 타인을 해칠 위험이 있는지를 검토하는 것은 가장 우선적으로 고려해야 할 사항이다. 자살이나 다른 사람에게 해를 입힐 가능성이 있는지에 대해서는 우회적으로 말하기보다 직접적으로 물어보는 것이 좋다.

예) "이 일이 일어나고 자살에 대한 생각을 한 적이 있나요?"
"이 일로 인하여 죽고 싶다고 생각한 적이 있나요?"
"누군가를 해치고 싶다는 생각을 한 적이 있나요?"

(9) 사회적 지지 자원이 있는지의 여부

가족, 친구, 공동체의 지지는 재난과 외상 경험 후 회복에 큰 도움이 될 수 있다. 사회적 지지 자원에 대한 정보를 수집하기 위해서 다음과 같은 질문을 할 수 있다.

예) "지금 상황에서 도움을 줄 수 있는 가족이나 친구가 있습니까?"
"이 일로 인한 문제를 해결하는 데 도와줄 수 있는 가족이나 친구가 있습니까?"
"혹시 참여하고 있던 모임이나 단체 중 도와줄 수 있는 곳이 있습니까?"

(10) 사건 전 술이나 약물 복용 여부

술이나 약물로 인한 문제가 있었을 경우, 재난이나 외상 사건을 경험하게 되면 약물 사용의 문제가 발생하거나 심해질 수 있다. 따라서 성인이나 청소년의 경우 다음과 같은 질문을 통해 관련 사항을 검토하는 것이 필요하다.

예) "이 일로 인해 술을 마신 적이 있으세요?"
"이 일 이후로 술을 더 마시게 되었습니까?"
"예전에 술이나 약물 복용으로 인한 문제가 있었습니까?"

(11) 이전 외상 경험과 사랑하는 사람의 죽음 여부

이전에 외상을 경험한 적이 있거나 사랑하는 사람의 죽음을 경험한 적이 있다면 외상후 스트레스 반응은 더욱 심각하거나 오래 지속되는 경향이 있으며, 다시 이전의 외상과 애도 반응이 촉발될 수도 있다. 이전의 외상에 대한 정보를 얻는 데는 다음의 질문이 도움이 될 수 있다.

예) "이런 사건을 경험하게 되면 예전에 힘들었던 때가 생각나기도 합니다. 이번 일을 경험하기 전에 외상 경험이 있었거나 사랑하는 이의 죽음으로 힘들었던 적이 있습니까?"
"예전에 다른 나쁜 일을 경험한 적이 있나요?"
"당신과 가깝게 지내던 사람의 죽음으로 힘들었던 적이 있습니까?"

5 문제 해결에 대한 안내

재해나 재난과 같은 위기 상황에서 생존자들은 흔히 희망을 잃게 된다. 생존자들이 필요로 하는 것에 대해 실제적이고 구체적인 도움을 주는 것은 이들에게 자기 회복력을 부여할 뿐 아니라 미래에 대해 희망을 갖게 하고 자신에 대한 존엄성을 유지하게 해 준다.

생존자들은 스트레스가 높은 상태에서 논리적이고 문제 해결식 사고를 하기 어렵기 때문에, 심리요원은 최대한으로 생존자들이 스스로 무엇을 필요로 하는지 생각하고 표현하도록 곁에서 도와야 한다. 생존자들이 자신에게 당장 필요한 것이 무엇인지 표현하게 하고, 그중에서 가장 중요한 것부터 우선순위와 목표를 설정하여, 구체적으로 어떻게 했을 때 각각의 목표를 달성할 수 있을지 그 과정을 함께 반복적으로 수행해 봄으로써, 이후에도 생존자들이 이 같은 방식으로 자신의 문제를 해결하도록 안내받을 수 있다.

(1) 1단계: 지금 당장 필요한 것은 무엇인가

생존자들이 지금 당장 필요로 하거나 걱정하고 있는 것을 표현하게 한다. 만약 한꺼번에 많은 것을 털어놓는다면 그중에서 지금 당장 해결할 수 있는 것과 당장 해결할 수 없는 것을 분류하도록 한다.

- 즉시 해결할 수 있는 것 배고픔 해소, 가족들에게 자신이 안전하다고 알리는 전화 통화 등
- 즉시 해결하기 어려운 것 실종된 가족의 생사 여부를 확인하는 것, 직장에 복귀하는 것, 재산 손실에 대한 보험 처리 등

이 중에서 지금 당장 해결할 수 있는 문제들은 심리요원이 구체적인 조치를 취해 주어 즉각적으로 해결하도록 하고, 반면에 즉시 해결하기 어려운 문제들은 생존자가 단계적으로 행동을 취할 수 있도록 유도한다(예: 실종된 가족의 생사 여부를 알기

위해서 재난현장대책위원회에 실종된 가족의 인적 사항과 특징을 적어서 제출함).

생존자들 가운데는 자신이 무엇을 필요로 하는지 구체적으로 표현하기 어려워하는 경우도 있다. 따라서 심리요원은 생존자가 필요로 하는 것을 최대한 명료화하고, 자신이 그것을 제대로 이해했는지 확인하는 것이 중요하다.

예)

심리요원: ○○ 씨, 지금 해결해야 할 것에는 어떤 것들이 있나요?

생존자: 한두 가지가 아니라 말하기도 어려워요. 뭐 당장에 전화가 안 되니 가족들에게 연락할 방법도 없고, 참 모두 걱정할 텐데 말이에요. 다리에 상처 난 부위도 따끔거리고 쓰라려서 자꾸 신경이 쓰이는 게……. 순식간이었지요. 아주 그냥 물살이 급격히 불어나는 것을 보고 어찌할 방도가 없더라고요. 근데 이것들은 언제 다 정리가 될지……. 당장에 필요한 세간 하나 못 건지고 내 몸 하나 챙기는 것도 겨우 했으니 말이에요.

심리요원: 순식간에 물이 불어서 들이닥쳤나 보네요. 지금 당장에 필요한 것들이 참 많군요. 전화로 가족에게 연락도 취해야 하고, 다리의 상처도 치료해야 하고, 집 복구 작업도 하셔야 하네요. 제가 제대로 이해했나요?

(2) 2단계: 무엇을 어떻게 해야 하는가(구체적인 행동 계획 수립)

해결해야 하는 사안들의 우선순위를 정한 뒤에, 그것을 하나씩 해결하기 위해 어떤 행동을 취해야 할지 생존자 본인의 생각을 우선적으로 들어 본다. 이 경우 생존자가 스스로 행동 계획을 말할 수도 있지만, 그렇지 않은 경우 심리요원이 몇 가지 대안을 제시해 줄 수 있다. 이때 심리요원이 주의해야 할 점은 해결 방안이 얼마나 현실적으로 가능한 것인지 판단하는 것과 각 목표가 달성되기까지 어느 정도 시간이 걸리고, 어떤 어려운 점이 발생할 수 있는지 생존자들과 충분히 대화를 나눔으로써 최대한 합리적인 기대를 갖도록 하는 것이다.

예)

생존자: 근데 어디서부터 손을 대야 할지 정말 모르겠어요. 너무 막막하네요. 혹시 또 비가 온다는 소식을 들은 것이 있나요?

심리요원: 해야 할 일도 많고, 필요한 것도 많으니 막막하게 느껴지실 거예요. 비 소식이

있을까 염려되시나 봅니다. 당분간 일주일 내에 비 소식은 없습니다. 해결해야 할 일이 많아 손이 많이 가시겠어요. 어떤 것부터 해결하면 좋을지 생각해 보신 것이 있으신가요?

생존자: 무엇부터 해야 할지 눈앞이 다 깜깜해요.

심리요원: 일단 바로 해결할 수 있는 것과 차차 해결해야 할 일들을 나눠서 처리하는 것도 하나의 방법이겠네요. 집 복구 작업은 여럿이서 함께해야 하는 것이니 차차 할 수 있을 것 같은데, 재난지원현장센터에 가시면 구급약이 준비되어 있으니 상처도 치료하시고, 가족들에게 전화 연락도 할 수 있을 겁니다. 젖은 옷도 갈아입으실 수 있고요. 어떠신가요?

생존자: 근데 우리 가족 앨범이랑 제 지갑은 먼저 찾아야 할 것 같아요. 안방 장롱 안에 있는데.

심리요원: 가족 앨범이랑 지갑을 먼저 챙기고 싶으시군요. 그런데 아직 물이 다 빠지지 않아서 허리까지 물이 찬 상태라 지금 들어가시더라도 장롱 문을 열기 어려우실 겁니다. 물이 빠지는 대로 찾아보는 것은 어떨까요?

생존자: 사진이 물에 젖으면 망가지는데 어쩌지요? 우리 아이들의 어릴 적 사진이 다 거기에 있는데요.

심리요원: 소중한 추억이 담긴 사진일 텐데 참 안타까우시겠어요. 이미 물에 젖어 버렸고, 물에 유리 조각이나 위험한 것이 섞여 있을 수 있으니 일단은 방에서 물이 빠질 때까지 기다리셨다가 함께 찾아봐야 할 것 같습니다. 먼저 현장센터에 가셔서 다리부터 치료하고 전화 연락을 하셔야겠네요.

(3) 3단계: 목표 달성을 위한 행동 개시

이 단계에서 심리요원은 생존자와 합의한 목표와 구체적인 행동 계획이 실제로 현실화되도록 조력한다. 이 과정에서 가장 중요한 것은 목표의 달성 과정에 생존자들을 어떻게든 참여시킴으로써 자신이 능동적인 의사결정자임을 경험하게 하는 것이다. 예를 들어, 서류 작성을 해야 하는 경우 생존자가 스스로 하도록 하고, 만약 그것을 어려워한다면 심리요원이 대신 작성해 주되 생존자가 그 과정에서 중요한 역할을 하고 있음을 강조한다.

예)

심리요원: 구급약은 이곳에 있고, 전화는 저쪽에 있습니다. 수건이랑 옷은 여기에 있습니다.

생존자: 남편이랑 아들들한테 연락부터 해야지요. 동생한테도 연락하고요. 무슨 일이 난 줄 알고 걱정할 텐데……. 그래도 저는 괜찮다고 먼저 알려야겠어요. 집으로 가지 말고 여기로 오면 된다고 하고요.

심리요원: 네, 가족들이 걱정하실 텐데 연락하면 안심하시겠어요. 뭐 또 필요한 것은 없으신가요?

생존자: 지금은 괜찮은데, 뭐 물어볼 게 있으면 누구한테 이야기하면 되나요?

심리요원: 네, 여기 요원들에게 물어보시면 됩니다.

생존자: 혹시 우리 가족이 ○○○를 찾으면 저한테 알려 주세요. 일단은 가족이 올 때까지 기다리다가 오면 같이 집으로 가 보는 게 좋겠어요.

6 회복을 위한 준비

생존자가 어느 정도 안정되고 즉각적으로 문제 해결이 된 경우, 심리요원은 다시 한 번 자신의 역할을 상기한다. 그리고 생존자들이 이후에 스스로를 위해 무엇을 하는 것이 중요하며, 어떠한 후속적 도움을 받는 것이 심리적 회복에 중요한지 설명해 준다. 여기에 언급한 내용 외에도 관련된 설명이 제4부에 있는 '평가에 따른 조치'에 소개되어 있다.

1) 사회적 지지 체계의 활용

심리요원은 생존자가 자신의 일차적 지지 체계(예: 배우자/연인, 부모, 친인척, 친구, 이웃, 성직자)를 활용할 수 있는 방안을 함께 찾는다. 전화, 이메일, 방문 등과 같은 다양한 방법으로 이들에게 연락하고, 자신이 지금 어떤 상황인지 알리며 관계를 유지하도록 한다.

만약 생존자가 일차적 지지 체계와 단절되어 있다면 다른 방식의 지지 체계를 활용하도록 함께 대안을 찾아본다. 예를 들면, 같은 사고를 당한 생존자나 지역사회의 각종 자원봉사 단체 및 종교 단체와 연계하도록 도와준다.

생존자가 사회적 지지 체계를 활용하려고 하지 않는다면 다음과 같은 이유가 있을 수 있다.

- 자신이 무엇을 필요로 하는지 분명하지 않음
- 도움을 청하는 것을 수치스럽고 나약하게 느낌
- 자신보다 더 큰 상처를 입은 생존자도 있기에 도움을 받는 것에 죄책감을 느낌
- 누구에게 연락해야 할지 알 수 없음
- 주변 사람에게 부담이 되거나 걱정거리가 될까 봐 두려움
- 사회적 지지 체계가 도움이 안 될 것이라고 생각함
- '그 누구도 내가 지금 겪고 있는 것을 진정으로 이해할 수 없어. 그러니 알려 봤

자 소용없어.'라고 생각함

- 도움을 청했으나 거절당하거나 실망한 경험이 있음
- 자신이 연락했을 때 상대방이 화를 내거나 죄책감이 드는 말을 할까 봐 걱정됨

따라서 심리요원은 생존자가 어떠한 이유로 사회적 지지 체계를 활용하려 하지 않는지 탐색해 보고, 먼저 그와 같은 생각이 얼마나 타당한 것인지, 실제로도 그럴 가능성이 어느 정도 되는지, 그리고 만약 그렇다면 다른 대안은 무엇인지 대화를 나눈다. 무엇보다도 사회적 지지의 중요성이 많은 선행 연구를 통해 입증되었음을 강조하고, 생존자에게 맞는 사회적 지지 체계를 찾아서 활용하도록 유도하는 것이 중요하다.

2) 대처방법에 대한 정보의 제공

심리요원은 이후에 지속적으로 생존자에게 필요한 긍정적 대처방법에 대해 강조하고, 생존자 개개인에게 실현 가능하고 적합한 대처방법을 논의하여 구체적으로 실행 계획을 세우도록 도와준다. 더불어 효과적이지 못한 대처방법도 소개함으로써 사전에 이에 대한 주의를 기울이도록 한다.

[긍정적 대처방법의 예]

- 주변 사람들과 이야기를 나누고 접촉을 유지하기
- 필요한 정보나 자료를 적극적으로 찾기
- 식사를 거르지 않고 하기
- 독서, 스포츠와 같은 취미나 긍정적인 활동하기
- 최대한 정상적인(외상 사건 이전의) 일상 스케줄을 유지하기
- 충분한 휴식을 취하기
- 최대한 사람들을 만나기
- 지지 그룹(support group)에 참여하기
  - 전문상담/치료를 받기

- 일기나 그림 등을 통해 내면의 경험을 표현하기
- 과거의 힘든 순간에 도움이 되었던 방법을 다시 활용하기

[부정적 대처방법의 예]

- 술, 담배, 약물을 사용하는 것
- 아무것도 하지 않으려는 것
- 누구도 만나지 않으려는 것
- 일에 지나치게 몰두하려는 것
- 폭력적으로 분노를 표출하는 것
- 자기 자신이나 다른 누군가를 지나치게 탓하는 것
- 폭식 또는 거식 행동을 보이는 것
- 텔레비전을 너무 많이 보거나 컴퓨터게임을 너무 많이 하는 것
- 위험한 활동이나 운동을 많이 하는 것
- 자신을 돌보지 않는 것(수면 · 섭식 · 운동 활동 등의 영역에서)

3) 추가적으로 필요한 지원 서비스의 연계

심리적 응급처치 이후에 생존자에게 다음과 같은 일이 발생하는 경우에 지역사회 전문가에게 바로 의뢰하고 연계한다.

- 의료 처치가 필요한 경우
- 긴급한 정신건강 처치가 필요한 경우
- 이전부터 있었던 의료적 · 정서적 · 행동적 문제가 심화되는 경우
- 자신과 타인에게 위협이 되는 경우
- 술이나 약물 남용의 가능성이 있는 경우
- 가정폭력의 가능성이 있는 경우
- 정서적 안정화를 위해 약물이 필요한 경우

- 아동 혹은 청소년의 발달적 문제가 심각한 경우
- 위기 사건 발생 후 4주가 지났음에도 진정되지 않는 경우
- 피해자가 도움을 요청하는 경우

[연계 가능한 지원 기관]

- 정신건강 전문 기관
- 의료 기관
- 지역사회 지지 기관(예: 종교 단체, 부녀회, 자원봉사회)
- 아동복지 기관
- 학교 및 교육 기관
- 약물 및 알코올 치료 전문 기관

PART
4

심리적 응급처치에서의 선별 평가

chapter 9

평가의 쟁점

심리적 응급 상황에서는 심리요원으로서 임무를 수행하는 데 생존자를 돕고자 하는 의지와 봉사정신만으로는 충분하지 않고, 초기의 심리적 개입, 적어도 심리적 응급처치에 대한 훈련이 필요하다. 이는 심리적 응급처치를 시행하는 모든 이들에게 필수적인 사항으로, 경찰, 119 구급대원, 의료진, 종교인, 간호사, 준전문가, 지역사회 내 자원봉사자는 물론이고 정신건강 전문가에게도 해당된다. 물론 정신건강 전문가는 수련과정 중에 전통적인 심리치료 모델에 근거한 전문적인 훈련을 받고 유용한 치료 기술을 습득하기 마련이다. 그러나 현장에서 직접 재난이나 위기 상황을 체험한 정신건강 전문가라면 이러한 지식과 기술이 유용하기는 하지만 그것만으로는 충분치 않다는 사실을 곧 깨닫게 될 것이다. 현장에서는 무엇보다 빠른 판단력과 창의적인 문제 해결력 그리고 정확하고 효과적인 평가 기술이 필수적이라는 결론에 이르게 될 것이다(Myer, 2001). 제9장과 제10장에서 소개하는 선별 평가의 내용은 Myer(2001)의 *Assessment for Crisis Intervention*을 참고하였다.

1 평가의 중요성

초기 심리적 개입의 효과는 빠르고 정확한 선별 평가에 좌우된다고 해도 과언이 아니다(Hoff, 1995). 개입의 성패에 핵심적인 만큼 그 중요성이 강조되어야 마땅하나 간과되기 쉬운 요소가 바로 평가다.

심리요원들은 생존자의 반응을 빠르게, 종종 몇 분 내에 평가해서 개입을 해야 하고, 생존자의 반응을 지속적으로 모니터하면서 어떤 수준의 개입이 필요한지 결정해야 한다(Myer, 2001). 예를 들어, 생존자에게 입원치료가 필요한지, 자살이나 타살의 위험이 있는지, 심리적 응급 상황에서 스스로 문제를 해결할 수 있는 자원이 있는지, 혹은 지금 이 시점에서 어떤 접근이 가장 효과적인지 등을 결정해야 한다. 심리요원들은 현장에서 이러한 질문에 계속 직면하게 되는데, 신뢰로운 평가 절차를 적용할 수 있는 능력에 따라 그 해답을 찾을 수도, 찾지 못할 수도 있다.

생존자의 초기 반응을 정확하게 평가하지 못할 경우, 생존자와 심리요원 모두에게 위험할 수 있다. 잘못된 평가로 인해 생존자는 효과적인 도움을 받지 못하고, 그

글상자 1

왜 생존자를 제대로 평가하지 못하는가

- 생존자에게 충분한 주의를 기울이지 못하고 경청하지 않을 경우 부적절한 평가를 초래한다.
- 생존자의 이야기를 수백 번 혹은 수천 번 들은 뻔한 이야기로 취급하고, 개개인에게 맞춤식 접근을 하지 않는 경우, 이는 임무에 소홀한 것일 뿐만 아니라 비윤리적인 행동이다.
- 자신의 한계를 인식하지 못하고 문제와 상관없이 모든 사람을 도와야 한다고 믿는 경우, 이는 심리요원을 소진(burnout)에 이르게 할 수 있으며, 슈퍼비전은 심리요원들의 소진을 예방하는 한 가지 방법이 될 수 있다.
- 적절한 훈련을 받지 못한 경우, 심리요원은 효과적인 개입을 하기 위해서 위기 이론과 평가에 관한 훈련을 받아야 한다.

결과 외상후 스트레스 장애와 같은 심각한 정신적 장애가 나타날 수도 있고, 자살이나 가해의 위험이 있기 때문이다. 다음은 잘못된 평가로 인해 초래될 수 있는 몇 가지 결과들이다.

• 과잉 평가로 인해 불필요한 입원이 증가할 수 있다. 생존자들이 새로운 대처 기술을 배우고, 상황을 잘 다루도록 하기보다 불필요하게 입원을 시키는 것은 의료 기관은 물론 생존자에게도 이롭지 않다. 재난이나 외상을 경험한 이후에 나타나는 대부분의 반응은 병적인 것이 아님을 명심하고, 필요한 경우 정신건강 전문가의 자문을 구한다.

• 부적절한 평가로 인해 진짜 도움이 필요한 사람과 그렇지 않은 사람을 구별하지 못할 수 있다. 실제와 달리, 위기에 처한 듯 보이는 사람을 분별하는 데 도움이 되는 세 가지 방법이 있다. 첫째, 비일관적이고 모순된 반응에 주의를 기울여야 한다. 둘째, 정신질환과 꾀병의 증상을 잘 알고 있어야 한다. 셋째, 현장에서 평가할 때 건강한 회의론(skepticism)이 필요하다.

• 생존자를 전체적인 맥락에서 전인적 존재로 보지 못하고 정서적 반응에만 초점을 맞추는 경우가 빈번하다. 정서가 일단 안정되면 눈에 띄는 증상이 사라진 것처럼 보이기 때문에, 치료가 조기에 종결되는 사태가 초래될 수 있다. 그러나 또 다른 반응도 뒤늦게 나타날 수 있으므로, 심리요원은 정서적 측면뿐만 아니라, 신체적 · 인지적 · 행동적 영역까지 평가해야 한다.

2 평가의 특징

평가를 논하기 전에, 심리적 응급처치의 목표를 다시 기억할 필요가 있다. 심리적 응급처치의 목표는 생존자로 하여금 즉각적인 대처 능력을 재확립하고, 심리적 지지를 얻을 수 있도록 하는 것이며, 이를 위해 지금-여기에 초점을 맞춘다.

- 평가의 목표 전통적인 심리평가와 달리 심리적 응급처치에서 평가는 위기 모델(crisis model)에 기초한다. 즉, 위기 상황에 대한 생존자의 지각이 강조됨과 동시에 위기 상황 자체가 평가의 주요 초점이 된다. 따라서 심리적 응급처치에서는 생존자에게 좀 더 상세한 평가 및 개입과 치료가 필요한지 결정하기 위한 선별이 평가의 주요 목표가 된다. 구체적으로, 가능한 한 빠르게 자원을 동원할 수 있도록 생존자가 처한 응급 상황에 대한 정보를 수집하는 것이 중요하다(James & Gilliland, 2001; Hoff, 1995).

- 평가과정 전통적인 심리평가와 마찬가지로, 생존자와 그 가족, 기타 관련된 사람들과의 면담은 평가의 중요한 부분이다. 타인과의 면담은 생존자가 제공한 정보를 확인하고 정보를 추가하기 위해 필요하다. 생존자의 반응이 너무 심각해서 그에게 어떤 정보도 제공할 수 없는 심리적 쇼크 상태에서는 주변 사람들로부터 정보를 얻는 것이 특히 중요하다. 평가는 일회적인 것이 아니라 초기 개입을 하는 동안 지속적으로 이루어진다(Greenstone & Leviton, 1993; Hendricks & McKean, 1995).

- 치료와의 관련성 면담을 통해 수집된 정보는 치료에 즉각적이고 직접적으로 활용된다(James & Gilliland, 2001; Aguilera, 1994). 심리요원은 생존자가 보이는 반응을 참고하여 그 순간 생존자를 가장 잘 도울 수 있는 개입 전략에 초점을 맞춰야 한다.

• 소요 시간　평가에 소요되는 시간은 경험, 전문성 그리고 사용된 도구(예: 검사의 종류)에 따라 다양한데, 재난이나 위기 현장은 시간적 여유가 없는 긴박한 상황이라는 점을 고려해야 한다. 촌각을 다투어야 하는 응급 상황에서는 의사결정을 하는 데 필요한 모든 정보가 수집될 때까지 기다리는 것이 불가능할 수 있다. 따라서 심리요원들은 생존자의 반응과 상황의 심각성에 따라 제한된 정보를 활용해서 긴박하게 대응해야 한다. 평가에 소요되는 시간은 대개 5~10분 정도로 짧을 수 있다. 물론 응급 상황이 해결될 때까지 지속적으로 모니터가 이루어져야 한다.

• 정보 수집　전통적인 심리평가와 달리 정보 수집의 범위가 제한적이다. 생존자는 응급 상황에 대처하기 위한 대처 기제와 자원을 동원하는 데 필요한 정보에만 관심이 있으며, 여기에는 대개 안전과 관련된 정보, 재난이나 위기 상황의 본질, 이를 해결하기 위한 시도, 지지 체계에 대한 정보가 포함된다(Hendricks & McKean, 1995).

• 훈 련　전통적인 심리평가를 수행하기 위해 고학력과 장기간의 수련이 필요한 것에 비해, 심리적 응급처치에서는 최소한의 훈련이 요구된다. 재난이나 위기 현장에서 평가에 따라 삶과 죽음이 갈리기도 한다는 측면에서, 이는 역설적인 것처럼 보인다. 그러나 심리적 응급처치를 수행하는 심리요원들이 전통적인 심리평가를 수행하는 데 필요한 미묘하고 전문적인 이슈까지 공부할 필요는 없다. 다만, 개인의 대처 능력을 압도하는 상황에서 인간의 반응을 이해하고 이를 평가하는 방법에 대한 기본적인 훈련이 필요하다.

• 평가 대상　생존자의 다양한 반응, 즉 인지적 · 정서적 · 행동적 반응을 평가하지만, 심리적 응급처치에서는 생존자의 현재 기능 수준과 응급 상황과 관련된 이슈에 초점을 맞춘다(James & Gilliland, 2001; Hendricks & McKean, 1995; Slaikeu, 1990).

3 기본 원칙

심리적 응급 상황이 다양하고 그에 대한 인간의 반응도 단순하지 않지만, 심리요원은 비교적 간단하고 명확한 개입의 모델과 원칙을 가지고 있는 것이 효율적이다. 위기 개입의 6단계 모델은 크게 경청(listening)과 실행(acting)으로 구분되는데, 이를 바탕으로 하여 심리요원의 평가 및 개입의 기본 원칙에 대해 설명하고자 한다.

- 생존자의 관점에서 문제를 정의하고 이해한다. 이를 위하여 개방형 질문과 더불어 적극적인 경청 기술을 사용하고, 생존자의 언어적 · 비언어적 메시지에 주의를 기울여야 한다.

- 생존자의 안전을 최우선으로 확보해야 한다. 안전이란 자신과 타인에 대한 신체적 · 심리적 위협을 최소화하는 것을 의미한다. 생존자의 신체적 · 심리적 안전에 대한 위협이 얼마나 치명적이고 심각한지를 평가한다. 생존자의 내적 사건과 생존자를 둘러싼 환경 또한 평가해야 하며, 필요하다면 생존자의 충동적이고 자기 파괴적인 행동에 대한 대안을 인식하도록 한다.

- 심리적 지지를 제공한다. 심리요원은 생존자를 돕고 보호하기 위한 사람이라는 것을 전달한다. 말과 목소리, 신체언어를 사용하여 생존자에게 긍정적 · 비판단적 · 수용적 · 인격적 보살핌을 제공하는 진실한 관계를 형성한다.

- 생존자의 욕구와 환경적 지지의 가용성을 평가한 결과에 따라 어떤 수준(비지시적, 협력적 또는 지시적)에서 개입할지 결정한다.

4 주의 사항

- 재난이나 외상 경험에 대해 이야기하는 것은 생존자에게 매우 고통스러운 과정이기 때문에 자칫 잘못하면 이야기하는 것 자체가 또 다른 외상(retraumatizing)이 될 수 있음을 명심해야 한다. 구체적으로 살펴보면, 생존자의 경험을 탐색함으로써 증상과 자기 파괴적 행동이 악화될 수 있고, 심리요원에게 지나치게 의존하게 되어 치료적 경계가 무너질 수도 있으며, 치료자가 지치고 소진되어 생존자에게 소홀해지면서 버림받는 느낌을 줄 수도 있다. 심지어 생존자가 자살 위기로 입원하게 될 수도 있다. 따라서 무엇보다 라포(rapport) 형성과 적절한 준비, 개입의 완급 조정이 중요하다.

- 심리요원은 생존자의 극단적인 감정 표현에 당황하지 말고, 이를 경청할 마음의 준비가 되어 있어야 한다. 생존자는 화가 나서 소리를 지르거나 감정을 조절하지 못할 수 있고, 반대로 망연자실하여 아무 말도 하지 못할 수도 있다. 심리요원은 생존자의 정서적 반응에 주의를 기울이면서 감정을 표현할 수 있도록 안전하고 지지적인 환경을 조성해야 한다.

- 생존자의 고통에 공감하고 이를 함께 나눌 수 있어야 하지만 지나치게 몰입하지 않도록 주의한다. 지나친 몰입은 오히려 도움이 되지 못하고 해가 될 수도 있다. 생존자를 돕는 것이 심리요원의 역할이지만, 생존자 스스로 상황을 극복할 수 있도록 힘을 북돋우는 것 역시 심리요원의 역할임을 잊지 말아야 한다.

- 너무 자주 전화를 걸거나 약속 없이 불쑥 찾아오는 것, 과도한 친밀감이나 애정 표현처럼, 생존자가 심리요원에 대해 지나친 의존성을 기르지 않도록 주의한다.

- 치료적 관계의 중요성은 아무리 강조해도 지나치지 않다. 이는 다른 상담이나

심리치료에서도 기본적으로 중요시하는 부분이다.

• 생존자를 돕는 동안 심리요원 자신의 정서적 반응을 인식하고 역전이 반응을 일으키지 않도록 주의한다. 심리요원의 해결되지 않은 갈등이나 사적인 감정이 생존자의 평가 및 개입에 부적절하게 영향을 미치지 않도록 주의한다.

chapter 10

선별 평가의 실제

심리적 응급처치의 성패를 좌우하는 것은 바로 정확한 평가다. 많은 요인들이 빠르게, 종종 첫 5분 안에 평가되어야 한다. 심리요원들은 최소한의 정보를 사용해서 개입의 초점, 최상의 개입방법, 생존자의 안전을 보장하는 데 필요한 보살핌의 수준에 관한 의사결정을 내려야 한다.

1 평가방법

심리적 응급 상황에서 생존자를 평가하는 방법 가운데 가장 자주 사용되는 것은 면담이다. 재난이나 위기 현장에서 지필검사를 실시하기가 쉽지 않은 경우가 많다. 그 밖에 응급 상황에서 반응/증상과 관련된 질문지가 사용될 수 있으며, 전통적인 성격검사를 위기 반응의 관점에서 해석하고 활용할 수도 있다. 다양한 평가방법을 간단하게 설명하면 다음과 같다.

- 위기 평가는 내담자가 가능한 한 빨리 자원을 동원할 수 있도록 위기 상황에 관한 정보를 수집하기 위한 평가로, 내담자의 안전성, 위기 상황의 본질, 해결하기 위한 시도, 지지 체계에 관한 직접적인 정보를 수집한다.

- 심리사회적 개인력은 면담 기법을 통해 치료 계획 및 사례 관리를 위한 발달적 · 심리적 · 사회적 개인력을 조사하는 것으로, 면담과 조사 질문지를 사용한다.

- 반응 및 증상의 평가는 스크리닝, 후속 평가 및 치료를 위해 증상을 평가하는 것으로, 질문지 또는 체크리스트를 주로 사용한다.

- 다음은 현장에서 활용할 수 있는 평가 도구다.

  - 외상후 위기 체크리스트(Posttrauma Risk Checklist: PRC)(주혜선, 안현의, 2008): 성인(만 18세 이상) 외상 생존자 중에서 PTSD 위험 요인을 다양하게 지니고 있어 차후 PTSD로 진전될 위험이 높은 고위험군을 선별하는 데 활용할 수 있는 1차 선별 도구다. 외상 직후(쇼크 단계 이후)부터 사용 가능하다('글상자 1' 참고).
  - 외상후 스트레스 진단 척도(Posttraumatic stress Diagnosis Scale: PDS)(남보라, 권

호인, 권정혜, 2008; Foa et al., 1997): 성인 외상 생존자 중에서 DSM-IV의 진단 기준에 따라 PTSD를 자기보고 식으로 평가하는 척도다. 외상 발생 후 한 달이 경과하는 시점부터 사용 가능하다.

- 아동용 외상후 스트레스 장애 반응 척도(Child Post Traumatic Stress Disorder Reaction Index: CPTSD-RI)(Fredric, Pynoos, & Nader, 1987): 아동 및 청소년(만 6~16세) 외상 생존자 중에서 PTSD 증상을 자기보고 식으로 평가하는 데 사용할 수 있는 척도다.

• 진단적 평가는 진단을 목적으로 한 평가로, 면담과 표준화된 검사를 사용한다. 대개는 전문가(의사, 심리학자 등)에 의해 시행된다.

• 전통적인 성격검사는 개인의 강점과 약점을 파악하고, 진단을 명료화하고, 경과와 예후를 평가하며, 치료 계획을 수립하기 위한 평가로, 표준화된(객관적, 투사적) 검사를 사용한다. 이러한 지능검사와 투사검사를 실시하고 해석하는 데는 특별한 훈련이 필요하다.

• 정신생리학적 평가는 외상 관련 자극 및 비교 자극을 제시하는 동안 생리적 반응(예: 심박률, 피부 전기 반응), 행동적 회피, 주관적 반응(SUDs)을 측정하는 방법이다.

글상자 1

외상후 위기 체크리스트(Posttrauma Risk Checklist: PRC)

PRC는 주혜선과 안현의(2008)가 한국 성인 외상 생존자 집단을 대상으로 개발하고 타당화한 도구로, 외상적 사건 이후에 개인이 지니고 있는 PTSD의 위험 요인(PTSD 증상을 발현, 유지, 심각하게 하는 데 기여함)의 유무를 다각적인 측면에서 확인하여, 추후 PTSD로 진전될 위험이 높은 고위험군을 선별하는 데 사용할 수 있다. 외상 후 한 달 이후에 PTSD 고위험군 선별을 목적으로 하기보다 개인이 지닌 PTSD 위험 요인에 관한 정보를 얻어 치료적으로 개입하는 데 활용할 수 있다. 만 18세 이상 성인을 대상으로 자기보고 식으로 평가 가능하도록 되어 있으나, 면접을 통해 위험 요인의 유무를 파악하는 방식으로도 사용이 가능하다.

날짜:　　　년　　월　　일　　　　　　　　　　이름: ______________

기본 정보	성별		연령	만　　세
	사건 유형			
	사건 발생일			

★ 질문지 (A)는 당신이 경험한 충격적인 사건이 발생할 당시의 상황에 관한 질문으로, (B)는 사건 발생 이후의 상황에 관한 질문으로 구성되어 있습니다. 각 문항에서 본인에게 해당할 경우에는 '네'에 표시하고, 본인에게 해당하지 않을 경우에는 '아니요'에 표시해 주십시오. 한 문항도 빠짐없이 응답해 주시기 바랍니다.

(A)

★ 다음의 질문들은 '충격적인 사건'이 발생할 당시에 관한 질문입니다. 사건 발생 당시 또는 사건 바로 직후를 떠올리며 응답해 주시기 바랍니다.

(문항의 예)

번 호	문 항	네	아니요	점 수
2	몸의 감각은 둔하게, 머리는 멍하게 느껴졌다.			1
3	나는 마치 꿈속에 있는 것 같았다.			
6	나는 혼란스러웠다.			

(B)

★ 다음의 질문은 '충격적인 사건'이 발생한 이후에 관한 질문입니다. 그 사건 이후의 상황을 떠올리며 응답해 주시기 바랍니다.

(문항의 예)

번 호	문 항	네	아니요	점 수
20	불쑥불쑥 떠오르는 사건에 대한 기억과 악몽을 결코 극복할 수 없을 것이다.			5
24	결코 이전의 평범한 삶으로 되돌아갈 수 없을 것이다.			6
29	내 자신이 약한 존재처럼 느껴진다.			8
문항 총합				

〈위기 수준 분류 기준표〉

PRC 점수	위기 수준	점수 해석
16점 이하	저 위기	외상 후 부분 PTSD 또는 완전 PTSD 증상이 없을 가능성이 높음
17~26점	중 위기	외상 후 부분 PTSD 또는 완전 PTSD로 진전될 위험 PTSD 증상의 심각도가 낮거나 중간 수준
27점 이상	고 위기	외상 후 부분 PTSD 또는 완전 PTSD로 진전될 위험 PTSD 증상의 심각도가 높은 수준

* 중 위기, 고 위기 수준일 경우는 전문가의 위기 개입이 필요합니다.

글상자 2

외상후 스트레스 진단 척도(Posttraumatic stress Diagnosis Scale: PDS)

PDS는 DSM-IV의 진단 기준에 따른 외상후 스트레스 장애를 진단하고, 심각도를 평가하는 자기보고 식 척도다(Foa et al., 1997). 우리나라 사람들을 대상으로 실시한 PDS의 신뢰도와 타당도는 적절한 것으로 나타났다(남보라, 2008). 원 척도는 총 4개 파트로 이루어져 있으나, 환자가 경험하는 증상의 빈도와 심각도를 평가하는 세 번째 파트를 여기에 소개한다.

★ 다음은 사람들이 외상적인 사건을 겪은 후에 때때로 보고하는 문제들의 목록입니다. 주의 깊게 읽어 보고, 지난 한 달 동안 문제를 경험한 빈도에 해당되는 번호를 찾아서 0~3 중 ○표 하세요.

- 0 전혀 아니다
- 1 주 1회 정도
- 2 주 2~4회/1개월의 반 정도
- 3 주 5회 이상/거의 언제나

(문항의 예)

1	0	1	2	3	외상 사건에 대해 원치 않는 괴로운 생각이나 이미지가 떠오름
2	0	1	2	3	외상 사건에 대한 악몽을 꿈
16	0	1	2	3	지나치게 경계함(예: 주변에 누가 있는지 점검하기, 등 뒤에 다른 사람이 있으면 불편함)
17	0	1	2	3	크게 놀라거나 쉽게 놀람(예: 누군가 다가오면 크게 놀람)

* 위 문항 점수의 합이 20점 이상이면 전문가에게 의뢰하여 심층적 평가를 받는 것이 좋다.

글상자 3

아동용 외상후 스트레스 장애 반응 척도
(Child Post Traumatic Stress Disorder Reaction Index: CPTSD-RI)

CPTSD-RI는 Fredric, Pynoos와 Nader(1987)가 아동 및 청소년(만 6~16세) 외상 생존자들의 PTSD 증상을 평가하는 데 사용할 수 있는 도구다. 외상을 경험한 아동 및 청소년이 자기보고 식으로 문항에 직접 응답하는 방식으로 평가할 수도 있고, 부모가 대신 평가하는 방식으로도 사용될 수 있다. 일부 역채점 문항을 포함하고 있으며, 총점을 기준으로 PTSD의 심각성을 추정한다.

★ 다음은 지난 사고에 대한 여러분의 생각과 느낌을 묻는 질문입니다. 사고에 대한 여러분의 현재의 생각과 느낌의 정도에 해당하는 숫자에 ○로 표시하여 주시기 바랍니다.

(문항의 예)

번 호	문 항	전혀 그렇지 않다	가끔 그렇다	대부분 그렇다
1	그때를 생각하면 겁이 나거나 두렵거나 화가 난다.	0	2	4
2	가끔 사고 장면이 떠오르거나 소리가 들리는 것 같은 일이 반복된다.	0	2	4
3	사고에 대해 생각하고 싶지 않아도 그때 일이 떠오르고 생각난다.	0	2	4
15	사고를 생각나게 하는 일은 멀리하고 싶다.	0	2	4
20	내 또래 아이들도 나처럼 사고 장면을 보거나 직접 사고를 겪으면 화가 나거나 괴로울 것이라고 생각한다.	0	2	4

★ 위 문항 점수의 합이 40 이상이면 전문가에게 의뢰하여 심층적인 평가를 받아 보는 것이 필요함

총 점	정 도	내 용
0~11	보통 (doubtful)	• 충격을 의심할 정도의 수준 • 일상생활에서 겪는 충격 정도(예: 어머니의 꾸지람으로 무서움과 불안함을 느낌)

12~24	가벼운 정도 (mild)	• 약간의 충격 반응으로 인해 불안한 상태 • 학교, 가정 등 일상생활에서 충격 반응을 해소할 수 있음
25~39	경증 (moderate)	• 충격 완화가 필요한 첫 단계 • 심각한 수준은 아니지만 적절한 대응으로 충격 완화 조치를 할 필요가 있음
40~59	심각한 정도 (severe)	• 적절한 치료 조치가 필요한 수준 • 높은 충격 수준을 낮춰 줄 수 있는 적절한 프로그램, 진료, 면담 등이 필요함
60 이상	매우 심각한 정도 (very severe)	• 전문의에게 의뢰할 정도의 심각한 수준 • 긴급하게 정신과 전문의의 진단과 치료를 받아야 함

2 평가 영역

심리적 응급 상황에서 생존자에 관한 정보를 수집하기 위해 평가 모델에 입각하여 면담을 진행하는 것이 효율적이다. 이 장에서는 심리적 응급 상황의 본질을 평가한 후, 이에 대한 생존자의 반응을 Myer, Williams, Ottens 및 Schmidt(1992)의 트리아지 평가 모델(Triage Assessment Model)에 따라 정서적 · 인지적 · 행동적 영역으로 구분하여 설명하고자 한다. 그 밖에 Hoff(1995), Slaikeu(1990), Hendricks와 McKean(1995)의 평가 모델도 참고할 만한데, 이는 글상자에서 간단하게 소개하였다.

1) 외상의 본질

- 언제, 어디서, 어떤 외상을 경험하였는가? 생존자가 경험한 외상의 유형과 강도를 평가한다. 기본적으로 육하원칙에 입각하여 외상의 본질을 파악하는 것이 바람직하지만, 그런 상황에서 놀라고 당황한 생존자는 조리 있게 이야기하는 것이 어려울 수 있다. 따라서 생존자가 너무 당황한 나머지 두서없이 횡설수설하거나 적절하게 반응하지 못하고 망연자실해 있을 때는 주변 사람들로부터 필요한 정보를 얻어야 한다.

- 현재 상황에서 생존자의 위험성과 심각성의 정도를 평가한다. 도움을 요청하기 직전에 발생했던 주요 사건은 무엇인가? 현재 가장 시급한 문제는? 우선적으로 해결하지 않으면 더욱 심각해질 수 있는 문제는? 가장 빨리 해결될 수 있는 문제는? 문제해결에 도움이 될 수 있는 자원과 방해가 될 수 있는 요인은 무엇인가?

글상자 4

Hoff의 평가 모델

Hoff(1995)는 생존자의 안전과 기능 수준에 대한 평가가 이루어져야 한다고 주장하였다. 따라서 심리요원은 자살 사고나 타살 의도와 같은 위협이 존재하는지 판단하고, 응급 상황에 처한 생존자의 개인적 · 사회적 특성을 고려해야 한다. Hoff의 모델은 취약성 모델로 언급되기도 하는데, 생존자의 취약성을 평가하기 위해서 다음 세 가지 요소를 고려하기 때문이다.

- **위험한 사건(hazardous event)** 위기 상황에서 일련의 반응이 일어나게 하는 최초의 충격으로, 이 사건이 반드시 위기 반응을 유발하는 것은 아니지만, 타이밍이나 심각도 측면에서 흔치 않고 개인의 대처 능력을 압도하기 때문에 위기 국면을 형성한다. 이 시점에서 위기 가능성을 인식할 수 있다면 적절한 도움을 추구함으로써 위기 반응이 완전히 나타나는 것을 피할 수 있다.
- **촉발 요인(precipitating factor)** 위기로 이끄는 요인으로, 개인의 자원을 고갈시키는 위험한 사건이 발생했을 때, 그 결과 필요한 자원을 이용할 수 없어 사소한 사건이 일어나도 위기를 경험하게 된다.
- **생존자의 반응(reaction)** 여기에는 감정 조절 곤란, 자살 또는 타살 행동, 알코올이나 기타 물질의 남용, 법적 문제, 가용한 도움을 효율적으로 사용하지 못하는 것과 같은 불편감의 신호를 검토하는 것이 포함된다. 이러한 신호는 정서적(예: 불안, 공포, 분노, 수치심, 죄책감), 인지적(예: 문제 해결 기술을 활용하는 능력의 부족, 사건에 대한 한시적인 기억상실) 혹은 행동적(예: 정상적인 직업 수행의 곤란, 사회적 상호작용으로부터 철수, 충동 조절의 결핍)일 수 있으며, 이는 정신질환과 관련된 왜곡된 지각과는 구별되어야 한다.

아울러, Hoff(1995)는 가족과 사회적 자원의 측면에서 생존자의 강점과 약점에 관한 정보를 수집할 것을 제안하고 있다.

글상자 5

Slaikeu의 평가 모델

Slaikeu(1990)의 모델에는 두 단계, 즉 '심리적 응급처치'와 '위기치료'를 위한 평가가 포함된다. 심리적 응급처치는 생존자가 즉각적인 대처를 재확립하도록 돕는 단기적인 개입인 반면, 위기치료는 심리적 응급처치의 연장으로 위기 사건 이후 삶을 재건하고 위기 사건으로 초래된 변화를 삶에 통합하는 것이다. 따라서 적절한 개입에 필요한 정보를 수집하는 수준에서 평가가 이루어진다. Slaikeu(1990)는 Lazarus(1981)의 BASIC-ID를 수정하여 BASIC을 사용해서 정서적 · 행동적 · 신체적 · 인지적 측면의 위기 반응을 평가하는 다차원적 모형을 제안하였다.

- B(behavioral, **행동적**) 전형적인 일상 기능의 변화, 자살 또는 타살 경향성
- A(affective, **정서적**) 현재 행동에 관한 감정, 위기 사건으로 유발된 감정, 이러한 정서가 상황에 적절한지, 이러한 감정을 표현하는지 등과 관련된 것
- S(somatic, **신체적**) 위기 사건 이후에 틱, 두통, 소화불량, 긴장, 오감의 민감도 변화에 특별한 주의를 기울이면서 일반적인 신체적 기능을 평가함
- I(interpersonal, **대인관계적**) 관계의 본질, 접촉의 빈도, 수행된 역할(예: 수동적, 공격적), 상호작용 양식(예: 의심이 많은, 조종적, 의존적)의 변화
- C(cognitive, **인지적**) 전 범위의 사고, 특히 행동과 감정, 신체 기능에 대한 자기 진술

Slaikeu(1990)가 제안한 체크리스트에는 촉발 사건, 현재의 문제, 위기의 맥락, 위기 이전(precrisis)의 BASIC 기능, 위기(crisis) 상황 당시의 BASIC 기능이 포함된다.

2) 정서적 반응

재난이나 외상적 사건을 경험한 생존자가 보이는 다양한 반응 가운데 정서적 반응을 확인하는 것이 가장 쉬울 것이다. 위기 상황에서는 여러 가지 부정적인 정서가 나타날 수 있으나, Crow(1977)는 생존자의 정서 반응을 크게 세 가지, 즉 분노, 두려움 그리고 슬픔으로 구분하여 설명하였다. 먼저 분노는 '적색'으로 비유되는 상태로, 생존자의 자기 조절 능력을 손상시키고, 그 결과 행동의 결과를 충분히 고려하

글 상 자 6

Hendricks와 McKean(1995)의 평가 모델

Hendricks와 McKean(1995)의 '최전선 모델(Frontline Model)'은 현장을 안전하게 만들고, 위기 상황에 있는 생존자를 평가하는 단계로 되어 있다. 심리요원은 개입에 필요한 정보를 얻기 위한 전략으로서 '누가, 무엇을, 언제, 어디서, 왜'를 사용해서 질문을 공식화한다.

- 위기 상황의 위험도를 평가하고 필요한 조치를 취해야 한다. 예를 들어, 가정폭력 상황이라면 가해자와 피해자를 가능한 한 멀리 격리해야 하며, 주변에 흉기가 될 만한 물건이 있는지 확인한다. 아울러 생존자의 폭력 가능성이 있는지, 그렇다면 언제 그러한지를 파악한다. 전력 공급이 끊기거나 생명에 위협적인 상황과 같은 환경적 위협이 존재하는가? 자살 사고나 타살 의도가 있는가?
- 심리요원은 상해를 입은 사람이 있는지 파악해야 한다. 상해의 심각도에 대한 판단을 하기 위해서는 특별한 훈련이 필요하며, 자격을 갖춘 자만이 그러한 평가를 수행할 수 있다.
- 생존자가 위험한 곳에서 안전한 곳으로 이동하도록 격려한다. 생존자가 위기 상황에서 불안해할 때 이러한 절차가 유용하다.
- 생존자의 기능 수준을 평가하고, 의학적 · 정신과적 과거력에 관한 정보(예: 시간, 장소 및 사람에 대한 지남력, 내과적 상태, 정서의 범위와 강도, 병전 기능, 알코올이나 처방 약, 마약의 사용)를 수집한다.

지 못하도록 만든다. 심리요원은 분노로 반응하는 생존자를 대면할 때 조심해야 하는데, 그 이유는 폭력적일 가능성이 있기 때문이다. 불안이나 두려움은 생존자가 압도당하고 일상적인 대처 기제가 쓸모없어지는 위기 상황에서 전형적인 반응으로, '황색'으로 비유된다. 마지막으로 슬픔은 '흑색'과 관련이 있으며, 생존자가 슬픔을 보일 경우 심리요원은 자살 사고를 주의해야 한다. 슬픔에 절망감과 무력감이 동반될 경우, 자살 가능성은 더욱 높아진다.

많은 생존자들이 심리요원에게 자신의 감정을 호소한다. 그러나 면담 초반에 호소하는 감정만 보고 생존자의 정서를 평가하기보다는 정서 반응이 순환한다는 점을 명심해야 한다.

(1) 정서적 반응의 평가

① 정동과 기분

정동(affect)은 위기의 결과로 생존자가 뚜렷하게 경험하는 감정으로 시간제한적인 특성을 가지는 반면, 기분(mood)은 좀 더 오랜 시간에 걸쳐 지속되는 감정이다(Akiskal & Akiskal, 1994). 심리요원은 현재 생존자의 주된 정동이 무엇인지를 파악함과 동시에, 전반적인 기분을 평가해야 한다.

기분 평가는 생존자의 정동 반응의 심각도를 이해하는 데 중요하다. 기분이 더 불안정할수록 반응이 더 심각하다. 생존자의 기분에 대한 민감도는 생존자가 자신이나 타인에게 해를 끼칠 위험을 판단하는 데 중요하다. 생존자의 기분이 불안정하다면 자살이나 타살의 위험이 더 높다고 볼 수 있으며, 이러한 상황에서는 생존자의 안전을 최우선시하는 개입 전략이 필수적이다.

② 언어적 · 비언어적 행동

생존자는 자신의 감정을 말로 표현하지 않을 수 있으므로, 심리요원은 첫 만남에서 언어적 행동뿐만 아니라 비언어적 행동을 관찰해야 한다. 어떤 연구자들은 의사소통의 약 70%가 비언어적 행동을 통해 전달된다고 추정하였다. 초심자가 비언어적으로 표현된 정서를 파악하는 것은 쉽지 않지만, 비언어적 단서에 주의를 기울이고 신호의 의미에 민감하도록 연습한다면 빠르고 정확하게 정서 반응을 인식할 수 있을 것이다.

- 생리적 반응은 비교적 문화의 영향을 적게 받지만, 비언어적 행동(예: 손짓, 몸짓, 눈 맞춤)은 문화에 따라, 개인에 따라, 또는 상황에 따라 다를 수 있음을 명심한다.

③ 말투의 특징

말의 크기와 속도는 특정 정서와 관련이 있다(Siegman, 1993).

〈**표 10-1**〉 비언어적 단서와 상응하는 정동 반응(Myer, 2001)

<table>
<tr><th>생리적 단서</th><th colspan="2">몸짓 또는 얼굴 표정</th></tr>
<tr><td rowspan="5">• 붉으락푸르락한 안색 – 분노
• 창백한 안색 – 불안
• 동공 수축 – 분노
• 동공 팽창 – 불안
• 경동맥이 뛰거나 팽창 – 분노
• 축축하거나 차가운 손 – 불안
• 땀이 난 손바닥 – 불안
• 메스꺼움 – 분노 또는 불안
• 눈물이 그렁그렁한 눈 – 슬픔
• 손이 떨림 – 분노 또는 불안</td><td>입</td><td>• 꽉 다문 입술 – 분노
• 입술이 떨림 – 불안 또는 슬픔
• 입술을 깨무는 것 – 슬픔</td></tr>
<tr><td>머리</td><td>• 고개를 떨어뜨리는 것 – 슬픔
• 고개를 바짝 드는 것 – 분노</td></tr>
<tr><td>눈</td><td>• 두리번거림 – 불안
• 곁눈질 – 분노
• 공허한 응시, 눈 맞춤이 없는 것 – 슬픔
• 시선 고정, 눈을 동그랗게 뜨는 것, 시선이 흔들림 – 불안</td></tr>
<tr><td>팔과 손</td><td>• 양손을 허리 위에 올리는 것 – 분노
• 주먹을 쥐었다 폈다 함 – 분노
• 주먹을 쥠 – 분노
• 양손을 쥐어짜는 것 – 불안
• 제스처를 사용하지 않음 – 분노
• 팔짱 끼는 것 – 불안</td></tr>
<tr><td>다리와 발</td><td>• 다리를 꼬았다 풀었다 하는 것 – 불안
• 다리를 떠는 것 – 불안
• 경직된 두 다리 – 불안
• 서 있는 경우 발끝에서 뒤꿈치로 흔들거리는 것 – 분노</td></tr>
</table>

- 화가 난 사람은 큰 소리로 쉬지 않고 빠르게 말한다.
- 불안한 사람은 길게 머뭇거림 없이 높은 음조로 말하고, 말의 속도가 점차 빨라지는 경향이 있다.
- 슬픈 사람은 말의 속도를 느리게 하여 조용히 이야기한다.

④ 적절한 질문

정서 반응을 정확하게 평가하기 위해서는 적절한 질문이 필수적이다.

- 재난이나 위기 상황에서 생존자들은 압도당하기 때문에, 자신의 감정을 인식하지 못하거나 감정을 최소화 또는 합리화할 수 있다. 따라서 생존자가 자신의 감정을 인식할 수 있도록 돕는 질문은 그 자체로 치유적인 효과가 있다.
- 생존자의 비언어적 행동과 목소리 특성에 주의를 기울이면서 "……한 것처럼 보입니다." 또는 "당신이 ……한 상태라고 생각합니다."와 같은 표현을 사용한다. 생존자는 심리요원의 말을 인정하거나, 그러한 상태가 아니라면 교정해 줄 것이다.
- 생존자는 자신의 감정 상태를 언어로 잘 표현하지 못할 수도 있다.

(2) 주의 사항

- 생존자가 분노에 가득 찬 경우, 심리요원은 분노를 알아차리되 생존자가 분노를 행동화하지 않도록 적절한 한계를 설정해야 한다.
- 화가 난 생존자를 자극하지 않도록 한다. 분노가 생존자의 주된 정서 반응이라면 생존자와 적당한 거리를 유지하는 것이 바람직하다.
- 화가 난 생존자에게는 직접적이고 구체적인 질문이 더 효과적이다(Dubin, 1990).
- 불안이 생존자의 주된 정서 반응이라면, 면담을 구조화하는 것이 효과적이다. 면담의 구조가 불안을 감소시킴으로써 정보의 수집이 용이해질 수 있다.
- 보호적이고 지지적인 환경에 있다고 불안한 생존자를 안심시키는 것은 감정 표현을 촉진할 수 있다(Kleespies et al., 1998).
- 슬픔이 생존자의 주된 정서 반응이라면, 심리요원은 인내심을 가지고 지지적으로 생존자를 대해야 한다. 이러한 생존자들은 종종 자신의 이야기를 털어놓는 데 시간이 걸리고, 공감이 필요하다.

(3) 심각도 평가

심각도를 지나치게 과잉 또는 과소평가할 경우, 생존자는 필요한 도움을 받지 못할 수 있다. 심리요원은 생존자의 정서 반응의 심각도를 평가하기 위해 관찰과 생존자의 자기 보고 및 생존자의 주변 사람들의 보고를 사용한다.

① **비언어적 지표의 관찰**

- 옷차림, 눈 맞춤, 위생 상태, 자세, 걸음걸이, 움직임의 속도, 특징적인 행동 양상, 심리요원에 대한 태도 등을 관찰한다. 일반적인 규준에서 벗어날수록 생존자의 정서 반응이 심각하다고 할 수 있다.

② **언어적 지표의 관찰**

- 말의 속도, 목소리 크기, 억양과 같은 말투는 정서 반응의 심각도에 대한 또 다른 단서를 제공한다. 일반적으로 말투가 관습적인 형식에서 벗어날수록 정서 반응은 더 강렬할 수 있다.
- 고함을 치거나 지나치게 침묵하는 것, 너무 빠르거나 너무 천천히 말하는 것은 심각한 정서를 시사한다.
- 말을 잇지 못하는 것 또한 중요하다. 화를 참기 힘들어서 이를 악무느라 말을 잇지 못하는 경우도 있고, 슬픔에 잠겨서 말을 잇지 못하는 경우도 있다.

③ **주변 사람들의 보고**

- 생존자의 가족이나 친구로부터 생존자의 과거 적응 수준에 관한 정보를 얻을 수 있고, 불충분한 정보를 보충하거나, 의학적 병력이나 약물 순응도와 같은 관련 정보를 얻을 수도 있다.
- 때로는 경찰관이나 소방관, 응급구조대원들로부터 얻은 정보가 유용할 수도 있다.
- 주변 사람들에게서 정보를 얻는 경우 과잉 또는 과소 보고할 가능성이 있으므로, 심리요원은 정보의 정확성과 신뢰도를 가능한 한 객관적으로 입증할 필요가 있다.

④ **심각도 판단**

- 심각한 손상　생존자가 충격 속에서 망연자실하여 제대로 말을 못하거나, 감정을 전혀 표현하지 못하거나, 정서 표현을 조절하지 못하고 히스테릭하게 반응

하는 경우

- 뚜렷한 손상 분별없이, 신중하지 못하게 정서를 적나라하게 표현하고, 정서 반응이 해당 사건이 아닌 다른 사건과 관련이 있거나, 해당 사건에 대해 과도하다 싶으며, 생존자가 자신이 '미쳤다'고 생각하거나 기분을 조절할 수 없음을 인식하고 '미친' 사람으로 보일까 봐 걱정하는 경우

- 중등도 손상 생존자는 비정상적인 감정에 대해 염려하고, 해당 사건에 대한 정서 반응이 지배적으로 나타나며, 흔히 기분을 조절할 수 없고, 감정이 급격히 변하는 것 같다고 보고하며, 해당 사건과 관련된 감정이 아닌 다른 감정을 표현할 수 없다고 말하고, 재난 당시 자극이 제시되면 정서 통제를 유지하기 어려운 경우

- 경미한 손상 해당 사건에 대해 적절한 정서 반응을 보이고, 생존자가 침울함이 해당 사건과 관련이 있다고 인정하고, 생존자가 바쁘면 잊어버릴 것이라고 말하며, 사건을 떠올리면 그 상황을 재경험하는 경우

- 최소한의 손상 해당 사건에 대한 정서 반응이 일상의 정서 표현을 방해하지 않고, 침울함과 불쾌함을 표현하지만 원하면 조절할 수 있으며, 사건과 관련된 정서 표현을 조절할 수 있는 경우

- 손상 없음 사건과 관련된 정서를 인식하고 쉽게 확인할 수 있으며, 이러한 정서에 의해 일상 활동이 영향을 받지 않는 경우

3) 인지적 반응

생존자의 인지적 반응은 장기적으로 영향을 미칠 수 있기 때문에 이를 정확하게 평가하는 것이 중요하다. 심리요원은 생존자의 인지적 반응보다는 정서적 · 행동적

반응에 관심을 기울이는 경향이 있는데, 그 이유는 정서적·행동적 반응이 더 잘 관찰되기 때문이다. 일단 생존자의 정서적 반응이 진정되고 행동이 일상 기능 수준으로 회복된다면, 흔히 위기가 끝났다고 믿기 쉽다. 그러나 생존자의 인지적 반응에 주의를 기울이지 못한다면, 외상적 사건이 있은 지 몇 년이 지난 뒤에라도 심리적 문제가 드러날 수 있다(Meichenbaum & Fitzpatrick, 1993).

외상적 사건을 경험하고 대략 6주가 지나면 초기 회복이 일어나지만, 이는 단지 안정감을 회복한 것일 뿐 사건을 완전히 해결한 것은 아니다(Callahan, 1998). 심리적 개입이 생존자의 인지적 반응에 초점을 맞추지 않는다면, 생존자는 외상적 사건을 경험하기 이전의 기능 수준에 미치지 못하고 만성적으로 기능이 저하된 상태에 안주할 가능성이 있다. 따라서 생존자의 인지적 반응을 정확하게 평가하는 것이 중요하다. 또한 생존자가 외상적 사건에 어떤 의미를 부여했는지 이해하기 위해서는 인지적 반응이 생존자의 삶에 어떤 영향을 미치는지를 평가해야 한다.

(1) 인지적 반응의 평가

인지적 반응은 크게 세 가지, 즉 위협, 상실, 위반으로 구분할 수 있다.

- 위협(threat)은 기본적·본능적 욕구 또는 개인의 온전함이 위험에 처할 때 경험하는 반응(Rapoport, 1965)으로, 스트레스에 관한 인지적 평가 모형(Lazarus & Folkman, 1984)에 따르면, 생존자는 손상의 가능성을 지각하거나 결과가 불확실할 때 위협을 경험한다.

- 상실(loss)은 실제 상실 또는 '갑작스러운 박탈' 상태에서 경험하는 반응(Rapoport, 1965)으로, 손상이나 해가 이미 일어난 경우에 경험된다.

- 위반(transgression)은 현재 권리가 침해당하고 있다고 지각할 때 일어나는 반응(Ellis & Harper, 1975)이다. 즉, 누군가 또는 뭔가가 개인의 기준이나 사회적으로 수용된 지침을 위반하는 방식으로 행동할 때 발생한다.

• 인지적 반응이 심각할수록 생존자가 사회적으로 수용 가능한 행동과 수용되지 못하는 행동을 구별하기 어렵다.

• 생존자의 인지적 반응이 위반인 경우, 폭력의 가능성을 의심해 볼 필요가 있다. 생존자는 누군가 자신에게 해를 끼치고 있다고 지각하기 때문에, 복수가 위기를 해결하는 방법이라고 믿을 수 있다. 복수하고 싶은 욕구는 생존자로 하여금 사건을 일으켰다고 믿는 대상에게 신체적 공격을 가하도록 할 수 있다.

• 생존자가 위협을 경험할 경우, 고통을 끝내는 방법으로 타인을 공격하거나 자살을 시도할 수 있다. 이런 경우, 생존자는 공격 또는 자살이 고통을 멈추게 하는 유일한 방법이라고 믿는다.

• 생존자가 상실을 지각한다면 자살 사고에 주의하라. 자살 사고의 치명성을 결정하는 핵심 요소는 최근의 상실 경험이다(James & Gilliland, 2001).

• 생존자의 시간개념은 인지적 반응과 관련이 있다. 위반은 현재, 위협은 미래 그리고 상실은 과거와 관계가 있다.

• 인지적 반응을 평가하는 데 필요한 정보는 대개 언어적이다. 안구 운동과 같은 비언어적 행동은 언어적 보고를 확증하는 데 도움이 되는데, 예컨대 위를 쳐다보는 것은 미래, 아래를 보는 것은 과거, 앞을 똑바로 보는 것은 현재에 대해 생각하고 있음을 시사한다(Cormier & Cormier, 1998). 그러나 비언어적 행동만을 보고 인지적 반응을 평가하는 것은 바람직하지 못하다.

(2) 인생 차원의 평가

생존자들은 외상 사건에 너무 압도되기 때문에 인지적 반응을 정확하게 보고하지 못할 뿐만 아니라, 자신의 인생이 어떤 영향을 받았는지 자세하게 말하지 못할 수 있다. 생존자가 특정한 인생 차원을 빈번하게 언급할수록 그 영역에서 고통을 겪고 있을 가능성이 높다. 인생 차원에 대한 평가를 할 때는 신체적 차원과 같이 기본적인 차원에서부터 점차 상위의 차원으로 평가를 진행하는 것이 바람직하다.

- 신체적 차원 신체적 안전과 편안함을 포함하는 측면(예: 음식, 물, 휴식, 경제적 안정)으로, 심리적 응급처치에서 일차적인 목표다. 만일 이러한 욕구가 무시된다면 자살이나 살인과 같은 끔찍한 결과가 초래될 수도 있다.

- 심리적 차원 개인의 내적 요소(예: 자기개념, 정서적 안녕감, 정체성, 자존감, 자기효능감)와 관련된 삶의 차원이다.

- 사회적 관계 차원 가족, 친구, 동료를 포함한 관계와 관련된 측면이다.

- 도덕적 · 영적 차원 통합, 신념 체계, 가치, 도덕적 확신, 신앙과 관련된 측면이다.

(3) 주의 사항

- 심리요원은 생존자의 인지적 반응을 평가할 때 자신의 관점을 강요하거나 어떻게 반응할 것이라고 짐작하지 말고 생존자의 말을 경청해야 한다. 자신이 마치 생존자인 것처럼 생존자의 눈을 통해 사건을 보려고 노력해야 한다.

- 생존자가 형태 재인 능력에 기초하여 외상 사건을 지각하고 그 사건에 의미를 부여하려고 하지만, 의미 있는 형태를 인식하는 능력이 손상되었을 수 있기 때문에, 때로는 생존자가 상황을 제대로 해석할 수 있도록 도와야 한다.

- 인지적 반응을 적절하게 평가하지 못한다면, 생존자와 그 가족이 심리요원에게 법적 · 윤리적 책임을 물을 수도 있다.

- "무슨 일이 일어났는지 말해 주세요." 또는 "이것이 당신에게 어떤 의미인가

요?"와 같은 일반적인 질문은 혼란을 겪고 있는 생존자에게 적절한 반응을 이끌어 내기 어려울 수 있다. 대신에 직접적인 질문을 하고, 구체적인 정보를 요구하도록 한다. 예를 들면, "이 일은 언제 일어났습니까?" 또는 "이 일에 대해 다른 누군가에게 말했습니까?"와 같이 질문한다.

• 생존자가 자신의 감정이나 실제 사건 이외에 어떤 것에 대해 말하지 못하는 경우, 인지적 반응을 평가하기 어렵다. 심리요원이 생존자를 조급하게 안정시키려는 시도나 "이것은 정상입니다." 혹은 "희망을 가지세요."와 같은 상투적인 말을 하는 것은 효과적이지 못하다. 차라리 생존자가 이야기를 하면 경청할 준비가 되어 있음을 표현하는 것이 낫다.

• 생존자가 계속해서 자신의 감정이나 외상 사건에 대해서만 이야기할 때 유용한 전략은 타당화다. 생존자의 경험과 감정이 타당화되면 누군가가 자신의 이야기를 잘 들어 주고 이해하려 하고 있음을 깨닫게 된다.

• 생존자의 인지적 반응에 대한 정보를 얻을 수 있는 또 다른 방법은 가족, 친구 또는 사건을 잘 알고 있는 주변 사람을 면담하는 것이다.

(4) 심각도 평가

① 사고 형식

• 심리요원은 생존자가 논리적이고 조리 있게 말할 수 있는지를 세심하게 관찰해야 한다. 사고가 명확하고 일관성이 있을수록 인지적 반응은 경미하다.
• 생존자가 지나치게 상세하게 묘사하고, 말하는 도중에 주제를 바꾸고, 한 가지 생각이나 개념에 머물러 있거나, 정보를 회상하지 못하는 것과 같은 문제를 보일 때 특별한 관심을 기울여야 한다. 이때 심리요원은 부당하게 생존자를 압박하지 말고 인내심을 발휘해야 하며, 동시에 생존자가 말하는 대로 그냥 내버려 두는 것도 효과적이지 않기 때문에 적절하게 탐색하는 질문을 하는 것이 바람

직하다.

- 생존자가 안전하다고 느낄 수 있는 지지적인 환경을 조성하는 것이 중요하다.
- 인지적 반응이 심각한 생존자는 일반적인 질문을 하면 답하기 어려워하므로, 구체적인 정보를 얻을 수 있는 직접적인 질문에 더 잘 반응한다는 것을 기억한다.

② **사고 내용**

- 단지 생존자가 말한 내용을 경청하고 추론함으로써 사고 내용을 평가할 수 있다. 생존자가 사회적으로 수용되는 기준을 유지하기 어려워할수록 인지적 반응은 심각하다.
- 생존자가 사건에 집착하고 집중하는 정도에 관해 직접 질문함으로써 인지적 반응의 심각도를 결정할 수 있다. 네 가지 인생 차원에 대해 질문하고, 각각의 차원에서 위반, 위협 또는 상실을 경험했는지 여부를 평가한다.

③ **심각도 판단**

- 심각한 손상　생존자가 개인 정보(예: 전화번호, 주소, 가족의 이름, 나이, 생년월일)를 기억하지 못하고, 단순한 지시를 따르지 못하며, 일상 기능을 제대로 수행하지 못하고(예: 위생관리), 심리요원의 지시를 아무 반응 없이 받아들이며, 질문 없이 수행하는 경우

- 뚜렷한 손상　단서를 주면 개인 정보를 기억할 수 있고, 지시가 복잡하지 않을 때만(한두 가지) 따를 수 있고, 외상 사건 때문에 괴로워서 일상 기능 중 몇 가지를 잊어버리거나 무시하며, 심리요원의 지시를 기꺼이 따르는 경우

- 중등도 손상　매일 사용하는 개인 정보는 기억할 수 있지만 다른 정보(예: 친척이나 친구 이름, 직장 전화번호)는 기억하지 못하고, 지시를 듣고 당장 수행할 수 있고, 메모된 것을 보고 나중에 수행할 수 있으며, 노력을 기울이면 일상 기능

을 수행할 수 있고, 위기를 해결하는 데 있어 안내 지침으로 심리요원의 지시를 기꺼이 받아들이는 경우

- 경미한 손상 질문을 받으면 개인 정보를 기억할 수 있고, 언어적 지시를 듣고 즉시 수행할 수 있지만 몇 분이 지나면 기억하기 어려우며, 일상 기능을 유지할 필요성은 인정하나 외상 사건에 몰두해 있어 해야 할 일을 미루고, 심리요원의 지시를 제안으로 여기고 이를 좀 더 발전시키기 위한 출발점으로 이용하는 경우

- 최소한의 손상 개인 정보를 기억할 수 있지만 자주 사용하지 않는 정보(예: 친구나 친척 전화번호)는 기억하기 어렵고, 언어적 지시를 듣고 기억해서 수행할 수 있지만 나중에 이를 수행하려면 적어야 하고, 일상 기능을 수행할 수 있지만 일정 시간 동안 이를 미루며, 심리요원의 지시를 요구하지만 이를 제안으로 간주하는 경우

- 손상 없음 별다른 노력을 기울이지 않고도 개인 정보를 기억하고 있으며, 일상 기능을 수행할 수 있는 상태로서 언어적 지시를 듣고 당장 또는 나중에 수행할 수 있는 경우로, 심리요원의 지시를 거부하기도 하는 경우

4) 행동적 반응

외상 사건이나 위기를 경험하면 균형 감각이 깨지면서 이러한 사건을 다루는 평상시의 대처 기제가 쓸모가 없어진다. 그 결과 생존자들은 위기를 극복하기 위해 새로운 행동을 시도하게 된다. 행동적 반응에 대한 평가는 외상 사건이나 위기를 경험한 이후로 생존자가 행한 행동을 찾는 것 이상이다. 생존자의 행동적 반응을 진정으로 이해하기 위해서 심리요원은 생존자가 보고한 내용 그 이상을 볼 수 있어야 한다.

(1) 행동적 반응의 평가

생존자의 행동적 반응을 이해하려는 노력은 정상적인 일상 기능을 수행하는 능력이 얼마나 손상되었는지 평가하는 것이 포함된다. 일상 기능은 외상 사건에 대한 반응의 심각도를 나타내는 지표로 간주된다. 예를 들어, 외상 사건으로 유발된 손상의 지표에는 사회적 관계, 업무 습관, 몸치장, 식사, 수면과 같은 것이 포함된다. 또한 혼자 있는 것을 거부하거나 다른 사람에게 매달리고, 혹은 사람들로부터 철수되는 것과 같은 사회적 행동의 변화도 여기에 포함된다. 외상 사건이나 위기에 대한 행동적 반응은 세 가지, 즉 접근, 회피, 부동으로 분류된다.

- 접근(approach) 외상 사건으로 야기된 문제를 해결하기 위해 적극적인 추구 행동을 하는 것이다.

- 회피(avoidance) 외상 사건에서 벗어나기 위해 외상과 관련된 문제를 적극적으로 피하거나 교묘하게 회피하는 행동을 하는 것이다. 적극적인 회피에는 다른 사람을 비난하거나 외상 사건에 대해 거짓말을 하고, 사건으로부터 주의를 분산시키거나 사건에 관한 증거를 숨기는 것이 포함된다. 한편 아무 일도 일어나지 않은 척하고, 사건으로 인해 초래된 문제를 알려고 하지 않는 것은 수동적 회피에 해당된다.

- 부동(immobility) 옴짝달싹 못하는 것으로, 외상 사건이나 위기를 해결하기 위

〈표 10-2〉 대처 기제(Myer, 2001)

접근 행동	회피 행동	부동 행동
• 주지화(intellectualization) • 합리화(rationalization) • 동일시(identification) • 내사(introjection) • 승화(sublimation)	• 억압(repression) • 부인(denial) • 반동 형성(reaction formation) • 전치(displacement) • 투사(projection) • 퇴행(regression)	• 보상(compensation) • 자기부정(self-cancelling)

해 아무것도 하지 않거나 스스로 무력화하는 행동을 하는 것이다. 일종의 자기 부정 행동(self-cancelling behavior)으로서 결과가 나오기도 전에 노력을 포기하는 것과 같은 행동을 의미한다.

이러한 행동적 반응은 위기를 해결하고 효과적인 대처 기제를 발달시키는 데 효과적일 수도 있고, 성공적인 해결을 방해하거나 해로울 수도 있다. 심리요원은 행동적 반응이 이로운지 또는 해로운지에 대해 임상적 판단을 내려야 하며, 이때 행동적 반응의 잠재적인 결과와 타이밍이 판단의 기준이 된다.

(2) 주의 사항

- 생존자 또는 타인의 안전이 위협을 받는다면, 행동적 반응을 충분히 평가하기에 앞서 심리요원이 직접적인 개입을 해야 한다. 생존자가 자신의 안전과 권리를 지킬 수 없는 상황에서는 심리요원이 이를 대신할 수 있어야 하지만, 이러한 상황에서도 생존자에게 과도한 의존성을 조장하지 말고 가능한 한 빨리 독립성을 촉진하기 위해 노력해야 한다.

- 생존자의 행동의 의도나 의미를 성급하게 해석하지 말아야 한다. 이러한 오류를 피하는 방법은 생존자가 그런 행동을 함으로써 무엇을 얻고자 했는지에 대해 경청하는 것이다.

- 행동적 반응을 평가할 때는 아동 학대, 노인 학대, 성적 학대, 자살 사고, 누군가를 해치려는 의도와 같은 민감한 주제가 노출되므로, 비밀 보장이나 보고의 의무 측면에서 윤리적 · 법적 책임을 인식해야 한다. 이때 심리요원의 행동 지침은 생존자를 비롯한 그 누구도 해를 입지 않도록 조치해야 한다는 것이다.

- 위기를 해결하기 위한 생존자의 현재의 노력뿐만 아니라 과거의 노력도 평가한다.

• 만일 자살이나 타살의 의도가 의심된다면, 심리요원은 생존자가 이 같은 행동을 문제의 해결책으로 생각하고 있는지 묻는 것을 주저해서는 안 된다. 생존자가 이를 고려하지 않았다고 부인한다면 다른 주제로 전환해도 되지만, 때로는 이러한 생각을 숨길 가능성이 있으므로 자살이나 타살 가능성이 완전히 사라질 때까지 지속적으로 주의를 기울여야 한다.

• 만일 생존자가 자살이나 타살의 가능성을 인정한다면, 심리요원은 이러한 가능성의 심각도에 대해 판단을 내려야 한다.

• 생존자는 '접근' '회피' 또는 '부동'이라는 용어를 사용하지 않고, 단지 무슨 일이 일어났고, 어떻게 반응했는지를 기술할 것이다. 심리요원은 행동적 반응을 평가하기 위해 생존자의 언어를 해석해야 한다.

• 모든 자살 사고를 '회피'라고 가정하지 않도록 한다. 행동적 반응을 정확하게 평가하기 위해서 심리요원은 행동의 의도를 파악해야 한다. 만일 자살 사고가 책임을 피하거나 고통을 멈추고자 하는 의도라면 행동적 반응은 '회피'지만, 타인에게 고통을 주거나 보험금을 타기 위한 의도라면 '접근'이라 할 수 있다.

• 행동적 반응을 접근 또는 회피로 구분하는 것이 중요한 이유는, 개입의 초점이 달라지기 때문이다. 만일 자살 사고가 접근으로 분류된다면 심리요원은 자살을 시도하는 데 필요한 에너지를 좀 더 이로운 대처 기제로 전환시켜야 하고, 회피로 평가된다면 생존자가 위로와 지지를 얻거나 위기를 다루기 쉽게 재구성하도록 도울 수 있다.

(3) 심각도 평가

① 대처의 특징

• 대처의 시도　생존자의 외상 사건이나 위기에 대처하려는 시도를 평가하기 위

해 다음과 같은 질문을 하는 것이 도움이 된다. 생존자가 위기를 해결하려는 노력을 했는가? 생존자의 행동이 건설적인가, 아니면 파괴적인가? 생존자의 행동이 위기를 해결하기 위한 적응적 또는 부적응적 노력인가? 생존자의 대처는 얼마나 조직화되어 있는가?

- 자살 또는 타살 생각 (당장의, 미래의) 의도, 수단의 이용 가능성, 방법의 치명성, 구체적인 계획 여부를 평가한다. 이러한 특징이 더 많을수록 행동적 반응은 더 심각하다.

- 일상 기능 일상 기능의 손상이 심각할수록 행동적 반응 또한 심각하다. 일상 기능을 평가하기 위해서 관찰하고, 경청한다. 그리고 식사 및 수면 습관의 변화에 관한 정보를 수집한다. 핵심은 전형적인 일상 기능에서 벗어났는지의 여부다.

② **심각도 판단**

- 심각한 손상 위기를 해결할 수 없는 행동에 참여하고, 자살이나 타살의 생각이 표현된 경우 구체적인 방법과 시기가 언급되며, 모든 일상 기능(예: 몸치장, 사회적 상호작용, 식사, 수면)이 손상된 경우

- 뚜렷한 손상 능동적이든 수동적이든 위기에 대처하는 데 효과가 없고, 다른 위기나 심리적 문제를 일으킬 수 있는 방법을 계속해서 사용함. 명확한 계획 및 방법과 더불어 자살 또는 타살 생각을 표현하지만 구체적인 시기를 언급하지 않고 미래에 수행할 것이라 말함. 몸치장을 하지 못하고, 모든 사회적 상호작용에서 철수되어 있으며, 식사와 수면 습관에서 뚜렷한 변화가 있는 경우

- 중등도 손상 위기에 대처하려는 시도가 다른 건설적인 방법을 시도하지 않는 한 효과가 없고, 더 많은 어려움을 초래함. 자살이나 타살 생각을 표현하되 방법을 결정하지 못하고 계획만 가지고 있거나, 계획은 없고 방법만 결정했거나,

이를 실행할 시간을 설정하지 않음. 몸치장을 하는 데 무기력하고, 일부 사회적 상호작용에서 철수되어 있고, 식사 및 수면 습관에서 상당한 변화가 있는 경우

- 경미한 손상 위기에 대처하려는 노력이 효과적이지 않지만 다른 문제를 유발하지 않음. 자살이나 타살 생각을 표현하되 계획도 없고 방법도 결정하지 않았으며 이를 실행할 시간도 설정하지 않음. 몸치장하는 것을 무시하고, 적어도 하나의 사회적 상호작용 집단으로부터 철수되어 있고, 식사 및 수면 습관에서 혼란이 있을 수도 있고 없을 수도 있음

- 최소한의 손상 대처하려는 시도가 우발적이고 수동적이며, 이러한 노력이 효과가 없지만 다른 문제를 유발하지 않음. 자살이나 타살 생각이 거의 없지만 만일 있더라도 잠시뿐임. 몸치장을 잊거나 간과하고, 사회적 상호작용에 때때로 어려움을 겪으며, 식사와 수면 습관에 사소한 혼란이 있을 수도 있고 없을 수도 있음

- 손상 없음 위기에 대처하려는 시도가 건설적이고, 다른 문제를 유발하지 않으며, 자살이나 타살 생각이 없고 만일 있더라도 잠시뿐임. 거의 어려움 없이 몸치장과 사회적 상호작용에 관심을 기울이며, 식사와 수면 습관에 경미한 변화가 있을 수도 있고 없을 수도 있음

글상자 7

자살 위험 평가

모든 위기 상황에서 생존자들이 자살 욕구를 호소하는 것은 아니지만, 심리요원들은 항상 그 가능성에 주의를 기울여야 한다. 자살을 시도하는 많은 사람들이 직간접적으로 자살 의사를 표현하거나 경고신호를 보내면서 도움을 요청하지만, 안타깝게도 주변의 친구나 가족들은 이런 단서를 무시하고 아무런 조치를 취하지 않는 경우가 많다. 물론, 그 결과는 매우 파괴적이고 치명적일 수밖에 없다.

재난이나 위기 상황에서 심리요원은 자살에 대해 묻는 것이 껄끄럽다고 질문을 생략하기보다는 어떤 내담자라도 자살 가능성이 잠재되어 있다고 가정하고, 이에 대해 한 번이라도 짚고 넘어가는 것이 바람직할 것이다. 자살 가능성이 의심될 때는 "지금 많이 힘들어 보이는데, 혹시 죽음이나 자살을 생각하고 있습니까?"라고 질문해 본다. 만일 이를 긍정하거나 암시한다면 자살에 대한 평가를 계속해야 한다.

• 자살 가능성의 평가 시 유의할 점

- 자살 위험도를 평가한다.
- 심리요원 혼자 모든 것을 책임지려 하지 말고 자문을 구한다. 자문은 또 다른 의견과 더 좋은 보살핌과 보호를 가능하게 하고, 심리요원 자신을 보호하는 방법이기도 하다.
- 심리요원이 어떤 행동을 했는지, 무슨 말을 했는지, 어떤 질문을 했는지 등을 모두 기록하는 것이 좋다.

• 자살 위험도 평가

- 과거에 또는 현재에 정신과적 장애가 있는지 살펴본다. 특히, 우울증, 약물 남용 또는 경계선 성격장애의 진단은 자살 위험을 높인다.
- 연령이 45세 이상이라면 위험도가 더 높다.
- 성별: 여성은 남성에 비해 자살을 더 빈번하게 시도하지만 자살자의 약 70%가 남성으로, 남성이 여성보다 2~3배 더 많다. 남성은 총기 사용이나 목 매달기, 투신과 같은 더 치명적인 방법을 선택하는 것으로 알려져 있다.
- 결혼 상태: 현재 결혼한 상태일 때 가장 위험도가 낮고, 독신이나 이혼, 사별, 최근 별거한 경우 위험도가 높다.
- 최근에 직업을 잃었다면 위험도가 증가한다.
- 만성적인 신체질환이 있을 경우 위험도가 높다.
- 최근에 사랑하는 사람과 헤어진 경우에 위험도가 증가하며, 헤어진 날이나 기념일, 죽어서 다시 만날 것이라는 환상을 가지고 있다면 위험도가 더 높다.
- 모순된 것처럼 들릴지 모르지만 우울증이 심해서 병원에 입원했다가 호전되어 퇴원한 경우, 자살 위험이 높다. 자살을 한 많은 사람들이 일단 자살하기로 결심하면 기분이 좋아지고, 미해결된 과제를 마무리할 수 있는 에너지를 얻으며, 사람들을 만나서 작별 인사를 한다.
- 과거에 자살을 시도한 적이 있는가? 이것은 자살의 가장 좋은 예측 요인 중 하나로, 과거에 자살을 시도한 경험이 많을수록 자살 가능성이 높다.
- 10~20대의 동성애자는 이성애자에 비해 3~5배 자살 위험이 높은 것으로 알려져

있다.

– 자살에 대한 광범위하고 상세한 계획이 있는가? 또는 매우 치명적인 방법을 계획하고 있는가? 자살 계획이 구체적이고 현실적으로 실현 가능할수록, 그리고 치명적인 방법을 선택할수록 자살 위험도가 높다.
– 자살의 가족력: 가족 중에 자살한 구성원이 있는 경우 자살 위험도가 높다.
– 충동적 또는 무모한 행동의 과거력이 있고, 자기통제력이 낮은 경우, 자살 위험도가 높다.

• 자살 위험 수준 판단

	자살 사고	자살 계획	자살방법	실행 의지
없음	없음	없음	없음	없음
경미한 수준	약간 있음	없음	없음	없음
중등도 수준	있음	모호함	덜 치명적	없음
심각한 수준	있음	구체적	치명적	없음
극심한 수준	있음	구체적	치명적	있음

3 평가에 따른 조치

심리요원은 생존자의 동기 수준, 생존자가 속한 공동체 내의 상황이나 환경적 요인, 지속되고 있는 스트레스의 근원, 공존 병리, 이인증의 심각도, 대처 방식, 진단 및 평가의 시점, 외상의 주관적 의미, 과거 외상의 경험, 사회적 지지, 진단이 생존자에게 미치는 영향 등을 고려해야 한다.

1) 초기 개입과 예방

(1) 외상 사건에 노출된 직후의 개입

- 안전 확보가 치료에서 최우선이며, 여기에는 타인으로부터의 보호뿐 아니라 자기 자신으로부터의 보호도 포함된다.
- 외상 직후 당황하거나 놀라고 고통스러운 증상을 경험하는 것은 정상적이라는 것을 이해시킨다.
- 급성 스트레스 반응 및 PTSD에 대해 교육한다.
- 외상 및 외상과 관련된 정서적 경험에 대해 가족과 친구들에게 이야기하도록 격려한다.
- 생존자의 가족과 중요한 주변 사람들을 대상으로 생존자의 정서적 반응에 귀를 기울이면서 참고 견뎌 주는 것이 중요하다는 것을 교육한다.
- 생존자와 가족으로 하여금 회복을 촉진하기 위해 사건을 반복해서 이야기하는 것이 필요함을 수용하도록 돕는다.
- 정서적 지지를 제공한다.
- 비합리적인 죄책감을 완화시킨다.
- 동료 지지 집단 또는 외상 상담 전문가에게 의뢰한다.
- 불면증이 있을 경우 단기적인 수면제 처방을 고려한다.

(2) 심리교육

외상 및 외상과 관련된 다음의 정보를 제공한다.

- 외상의 일차적 심리적 영향
- 외상의 장기 및 단기적 영향
- 외상에 대한 대처방법(예: 심리치료, 약물치료, 언어 표현, 일기 쓰기)
- 지지 체계의 중요성
- 도움을 줄 수 있는 전문가 및 기관의 목록

2) 치료방법의 선택

(1) 약물치료

다음과 같은 상황에서는 약물치료를 진지하게 고려하고, 생존자를 신경정신과에 의뢰하는 것이 바람직하다.

- 증상이 심각하고 지속적인 경우
- 일상 기능이 심하게 붕괴된 경우
- 심각한 불면증이 있는 경우
- 또 다른 정신과적 문제(예: 우울증, 불안, 자살 사고)가 있는 경우
- 극심한 스트레스를 경험하고 있는 경우
- 심리치료를 받고 있지만 주요 증상이 지속되는 경우

약물치료와 관련해서 다음과 같은 사실을 심리요원이 알아 두면 도움이 된다.

- 약물치료는 회피, 부정, 정서 마비 증상보다는 우울, 불안, 과민 반응 등의 증상에 더 효과가 있는 것으로 알려져 있다.
- 다른 정신과적 장애가 공존할 경우, 처음부터 약물치료와 심리치료를 병합하는 것이 권고된다.

(2) 아급성기의 개입

재난이나 외상 발생 이후, 아급성기(대개 1개월~3개월)에 실시할 수 있는 심리적 개입으로, 이 개입들은 생존자들이 경험하고 있는 스트레스와 심리적 어려움을 줄이고 현실적인 문제에 좀 더 효과적으로 대처할 수 있도록 돕는 것을 목표로 한다. 대표적인 개입방법은 다음과 같다.

① 마음건강회복기술훈련(Skills for Psychological Recovery: SPR)

SPR(Berkowitz et al., 2010)은 대개 초기 위기 단계가 진정된 이후부터 회복기에 적용되는 기술훈련 개입으로, 심리적 응급처치 이후 혹은 심리적 응급처치보다 집중 개입이 필요할 때 제공된다. 생존자는 다양한 신체적, 심리적, 행동적, 영적 반응을 경험할 수 있으며, 대부분은 재난이나 외상 이후 나타날 수 있는 일반적인 반응이며 몇 가지 기술 습득을 위한 접촉만으로 도움을 받을 수 있다고 가정한다. SPR에 구성된 핵심기술은 정보 수집 및 우선순위 결정하기, 문제해결기술 증진하기, 긍정적 활동 촉진하기, 반응 다루기, 유용한 사고 촉진하기, 건강한 사회적 관계 다시 형성하기 등이다.

② 문제관리 플러스 (Problem Management Plus: PM+)

PM+(World Health Organization, 2016)는 역경을 겪은 성인을 위한 단기 심리적 개입으로, 문제 관리에 행동적 전략을 추가하여 심리적인 문제와 현실적인 문제를 다루는 것을 목표로 한다. PM+의 목적은 생존자가 우려된다고 꼽은 문제들, 예를 들면 우울, 불안, 또는 스트레스를 경감시키는 문제 중심적 접근 방법이다.

- 스트레스 관리: 불안과 스트레스를 관리할 수 있는 전략
- 문제관리: 현실적인 문제를 해결할 수 있는 전략을 세울 수 있도록 돕는 방법
- 시작하기, 계속하기: 생존자의 활동 수준을 향상시킬 수 있도록 돕는 전략
- 사회적 지지 강화: 친구, 가족, 직장 동료 등 사회적 지지를 강화함으로써 생존자의 안녕감을 향상시킬 수 있는 방법

(3) 심리치료

외상 사건에 대한 정서적 · 인지적 · 행동적 반응 가운데 어느 한 가지 영역에서든 중등도 이상의 손상을 입은 것으로 평가되었다면, 심리적 응급처치 또는 위기 개입과 더불어 전문가에게 의뢰하는 것이 바람직하다. 전문가들이 시도하는 치료적 접근을 간략하게 소개하자면 다음과 같은 것들이 있다.

① 불안 조절(스트레스 면역 훈련)

스트레스에 대처할 수 있는 일련의 기술을 교육하는 것으로, 다음과 같은 치료적 요소가 포함된다.

- 이완 훈련 주요 근육군의 체계적인 이완을 통해 공포와 불안을 조절하는 방법이다.
- 호흡 재훈련 천천히 복식 호흡하는 방법을 가르침으로써 환자가 이완하도록 하고, 불쾌한 신체감각과 더불어 과호흡하는 것을 피하도록 한다.
- 긍정적 사고 및 혼잣말(self-talk) 스트레스 요인을 예견하거나 직면할 때 부정적 사고(예: '나는 통제력을 잃어버릴 거야.')를 긍정적 사고(예: '이전에는 그것을 했었잖아. 다시 할 수 있을 거야.')로 대체하는 방법을 가르친다.
- 주장 훈련 타인과의 관계를 손상시키지 않으면서 자신의 바람이나 의견, 감정을 적절하게 표현하는 방법을 연습시킨다.
- 사고 중지 고통스러운 생각이나 심상이 반복해서 떠오를 때 마음속으로 '그만(stop)!'을 외침으로써 고통에서 벗어나는 주의 환기 기법이다.

② 인지치료

혼란스러운 감정과 기능 손상을 유발하는 비현실적 가정이나 신념, 자동적 사고를 수정하도록 돕는 치료다. 외상의 희생자들은 종종 외상과 관련된 비현실적 죄책감을 가지곤 한다. 예를 들어, 성폭행 희생자는 성폭행이 자기 탓이라고 생각하고 자신을 책망할 수 있고, 참전 군인은 전우의 죽음이 자신의 잘못 때문이라고 생각하고 죄책감을 느낄 수 있다. 따라서 인지치료의 목표는 개인의 특정한 역기능적 사고를 파악해서 그것을 지지하는 또는 반대하는 증거를 찾고, 더 현실적이고 객관적인 사고를 하도록 도움으로써 균형 잡힌 감정을 경험하도록 하는 것이다.

③ 노출치료

외상 경험과 관련해서 현재 비현실적으로 강렬한 공포를 유발하는 구체적인 상황, 사람, 사물, 기억 또는 감정에 직면하도록 돕는 것으로, 다음의 두 가지 방식으로 수행된다.

- 상상 노출　더 이상 극심한 고통을 유발하지 않을 때까지 외상 기억에 대해 반복해서 정서적으로 자세하게 말하는 것이다.
- 실제 노출　외상과 관련이 있고 강렬한 공포를 유발하기 때문에 환자가 회피해 왔던 상황에 직면하여 지금은 안전하다는 것을 경험하도록 하는 것이다(예: 교통사고 이후 다시 운전하는 것, 엘리베이터 사고 이후 다시 엘리베이터를 타는 것). 반복된 노출은 공포 상황이 더 이상 위험하지 않으며, 회피하지 않고 충분히 오랫동안 그 상황에 머문다면 공포가 사라질 것임을 깨닫도록 돕는다.

④ 안구운동 둔감화 재처리법

Shapiro에 의해 개발된 치료 기법으로 초기에 많은 논란이 있었지만, 2004년 미국정신과학회(American Psychiatric Association)에서도 효과적인 PTSD 치료 기법으로 인정되어 왔다. 외상 기억이 통합되지 못하고 분리된 채 기억 망에 갇혀 있는 것과 같이 역기능적으로 저장되어 있는 것이 PTSD와 관련된 기제로 본다. 따라서 뇌의 좌우 반구를 자극하여(예: 안구 운동, 버터플라이 허그, 왼쪽과 오른쪽 다리를 번갈아 가며 치기), 분리된 심상, 인지, 감정, 신체감각의 통합적인 정보처리가 이루어지도록 개입한다. 외상 기억을 처리함에 있어서 기존의 다른 치료적 접근과 달리 외상 기억의 세부 내용을 구두로 보고해 가면서 처리하지 않아도 된다는 특징이 있다.

⑤ STAIR/NST

Cloitre, Miranda, Stovall-McClough와 Han(2005)이 아동기 학대 경험이 있는 여성 외상 생존자들을 돕기 위해 개발한 단기 치료 프로그램으로, 다양한 외상 생존자 집단(예: 남성, 다양한 외상 유형)을 대상으로 치료적 효과성이 경험적으로 검증된 프로그램이다. STAIR/NST(Skills Training in Affective and Interpersonal Regulation/Narrative Story Telling)는 단계적인 개입 모델로 구성되어 있으며, 먼저 정서 조절 기술과 대인 관계 기술을 훈련시킨다. STAIR 단계에서 필요한 능력을 키우면서 외상 생존자는 안정되고, 치료자와 라포를 형성하게 된다. 이후 NST 단계에서 외상 기억을 지속적으로 노출함으로써 처리한다. 지속적 노출(Prolonged Exposure: PE) 치료에 비해 조기 종결되는 사례의 비율이 적으며, 심각한 대인관계 문제를 지니는 경계선 성격장애를 제외하고 PE가 다루지 못하는 내담자(예: 해리 증상을 지님, 현재 부정적 생활의 스트레스가 지속됨, 자기 파괴적 행동을 보임)들을 치료에 포함시킬 수 있다는 점에서 외상 생존자를 포함하는 범위가 더 넓다는 장점이 있다.

⑥ 놀이치료

외상 초점화된 인지행동치료(Trauma Focused Cognitive Behavioral Therapy: TF-CBT)나 EMDR 그리고 그 밖에 몇몇 개입들은 외상을 경험한 아동을 위해 놀이치료 형식을 빌려 접근하기도 한다. 대표적으로는 CBT에 근거한 Greenwald(2002)의 '트라우마 치료의 우화 모델'이 있다. 이 모델은 외상 경험으로 인한 심리적 어려움에 개입해 나가는 과정을 용의 우화를 빌려 아동에게 접근한다는 특성이 있다. 아동의 외상 기억을 노출을 통해 처리하며, 필요한 자기 조절 기술을 익힐 수 있도록 하는 것과 더불어 부모교육의 중요성을 강조하면서 아동에게 학대적 환경이 되는 부모에 대해서도 치료적으로 적극 참여시킨다.

(4) 입원치료

외상 사건에 대한 정서적 · 인지적 · 행동적 반응 가운데 어느 한 가지 영역에서든 심각한 손상 또는 뚜렷한 손상이 있는 것으로 평가되었거나, 자살 또는 폭력의 위험이 있다면 입원치료가 필요하므로 이에 대해 진지하게 고려해야 한다.

생존자 평가 기록지

일 시	년 월 일(:)	장 소		
생존자 이름		성별/나이	□ 남 □ 여	세
정보 제공자	□ 생존자 □ 가족 □ 집단	심리요원		

이 기록지는 생존자가 이 시점에서 가장 필요한 것을 파악하기 위한 것으로, 향후 치료와의 연계를 위해 전문가 또는 치료 기관과의 의사소통에 사용될 수 있습니다.

1. 생존자가 현재 경험하고 있는 어려움에 V 표시하시오.

행동적	정서적	신체적	인지적
□ 극심한 지남력 상실	□ 급성 스트레스 반응	□ 두통	□ 사랑하는 사람의 죽음을 수용하거나 대처하지 못함
□ 약물, 술, 처방 약 과용	□ 급성 애도 반응	□ 복통	□ 악몽
□ 고립/철수	□ 슬픔, 울음	□ 수면 곤란	□ 침입적 사고, 심상
□ 고위험 행동	□ 과민성, 분노	□ 식사 곤란	□ 집중 곤란
□ 퇴행 행동	□ 불안, 두려움	□ 건강 상태 악화	□ 기억 곤란
□ 분리불안	□ 절망, 낙담	□ 피로감/소진	□ 의사결정 곤란
□ 폭력적 행동	□ 죄책감, 수치심	□ 만성적 초조감	□ 죽음/파괴에 몰입
□ 부적응적 대처	□ 정서적 마비, 단절감	□ 기타:	□ 기타:
□ 기타:	□ 기타:		

2. 생존자가 경험하고 있는 어려움과 관련된 항목에 V 표시하시오.

□ 과거 또는 기존의 외상, 심리적 문제, 물질 남용 문제
□ 재난으로 인한 상해
□ 신체적 · 정서적 어려움
□ 약 복용
□ 아동/청소년에 관한 걱정
□ 영적인 걱정
□ 거주 유형(예: 독거)
□ 실직 또는 학업 중단
□ 재난을 겪는 동안 생명의 위협
□ 사랑하는 사람의 실종 또는 사망
□ 재정적 곤란
□ 집을 떠나서 대피함
□ 기타:

3. 필요한 조치를 취하는 데 도움이 될 수 있는 정보는 무엇이든 기록하시오.

4. 후속 조치 및 의뢰

□ 소속 기관의 서비스
(구체적으로:)
□ 타 기관의 재난 관련 서비스
□ 정신건강 전문 기관
□ 의료 기관: 응급실, 외래치료, 입원치료
□ 물질 남용 치료
□ 심리교육(기본 정보 제공) 이후 귀가 조치
□ 지역사회서비스(정신보건센터, 복지관, 쉼터)
□ 종교 기관
□ 기타:

5. 생존자가 의뢰를 수용했는가?

□ 네 □ 아니요

참고문헌

권정옥 역(2011). 안구운동 둔감화 재처리법. 시그마프레스.

남보라, 권호인, 권정혜(2010). 한국판 외상 후 스트레스 진단 척도의 신뢰도 및 타당도 연구. 한국심리학회지 임상, 29(1), 147-167.

오혜영, 안현의, 김은영(2011). 재난 피해 청소년 개입 매뉴얼 개발. 한국청소년상담원.

일본 문부과학성(2011). 아동의 '마음 돌보기' 를 위하여: 재해 및 사건 · 사고 발생을 중심으로.

정성훈, 정운선 공역(2011). 마음을 다친 아동 · 청소년을 위한 핸드북. 서울: 학지사.

주혜선, 안현의(2008). 외상 후 위기 체크리스트(Posttrauma Risk Checklist: PRC): 개발 및 타당화 연구. 한국심리학회지: 일반, 27(1), 235-257.

2010년 재난연감. 소방방재청(www.nema.go.kr).

Aguilera, D. C. (1994). *Crisis intervention: Theory and methodology* (7the ed.). St. Louis: Mosby.

Berkowitz, S., Bryant, R., Brymer, M., Hamblen, J., Jacobs, A., Layne, C., & Watson, P. (2010). *Skills for psychological recovery: Field operations guide.* Washington (DC): National Center for PTSD (US Department of Veterans Affairs) and National Child Traumatic Stress Network (funded by US Department of Health and Human Services and jointly coordinated by University of California, Los Angeles, and Duke University).

Brymer, M., Jacobs, A., Layne, C., Pynoos, R., Ruzek, J., Steinberg, A., Vernberg, E., & Watson, P. (2006). *Psychological first aid: Field operations guide* (2nd ed.). National Child Traumatic Stress Network, US Department of Health and Human Services.

Callahan, J. (1998). Crisis theory and crisis intervention in emergencies. In P. M. K. Kleespies (Ed.), *Emergencies in mental health practice: Evaluation and management* (pp. 22-40). New York: Guilford.

Caplan, G. (1964). *Principles of preventive psychiatry.* New York: Basic Books.

Cloitre, M., Cohen, L. R., & Konenen, K. C. (2006). *Treating survivors of childhood abuse.* New York: Guilford Press.

Cormier, W. H., & Cormier, L. S. (1998). *Interviewing strategies for helpers: Fundamental skills and cognitive behavioral intervention* (4th ed.). Monterey, CA: Brooks/Cole.

Crow, G. A. (1977). *Crisis intervention.* New York: Association Press.

Dewolfe, D. (2000). *Training manual for mental health and human service workers in major disasters* (2nd ed.). (DHHS Publication No. ADM 90-538).

Dubin, W. R. (1990). Psychiatric emergencies: Recognition and management. In A. Stoudemire (Ed.), *Clinical psychiatry for medical students* (pp. 497-526). Philadelphia: J. B. Lippincott.

Edelwich, J., & Brodsky, A. (1982). Training guidelines: Linking the workshop experience to need on and off the job. In W. S. Paine (Ed.), *Job stress and burnout* (pp. 133-154). Newbury Park, CA: Sage.

Ellis, A., & Harper, R. A. (1975). *A guide to rational living.* Beverly Hills, CA: Wilshire.

Frederick, C., Pynoos, R. S., & Nader, K. (1992) *Child post-traumatic stress disorder reaction index (CPTSD-RI).* Department of Psychiatry, University of California at Los Angeles, Los Angeles.

Greenstone, J. L., & Leviton, S. C. (1993). *Elements of crisis intervention: Crisis and how to respond to them.* Pacific Grove, CA: Brooks/Cole.

Hendricks, J. E., & McKean, J. B. (1995). *Crisis intervention: Contemporary issues for onsite interveners.* Springfield, IL: Thomas.

Hill, C. E., & O'Brien, K. M. (1999). *Helping skills: Facilitating exploration, insight, and action.* American Psychological Association: Washington, DC.

Hodgkinson, P. E., & Stewart, M. (1991). *Coping with catastrophe: A handbook of post-disaster psychological aftercare.* London: Routledge.

Hoff, L. A. (1995). *People in crisis: Understanding and helping* (4th ed.). Redwood City, CA: Addison-Wesley.

Howard, K. I., Lueger, R. J., Maling, M. S., & Martinovich, Z. (1993). A Phase model of psychotherapy outcome: Causal mediation of change. *Journal of Consulting and Clinical Psychology, 61,* 678-685.

James, R. K., & Gilliland, B. E. (2001). *Crisis intervention strategies* (4th ed.). Pacific Grove, CA: Brooks/Cole.

Kleespies, P. M., Deleppo, J. D., Mori, D. L., & Niles, B. L. (1998). The emergency interveiw. In P. M. Kleespies (Ed.), *Emergencies in mental health practice: Evaluation and management* (pp. 41-72). New York: Guilford.

Lazarus, R. S., & Folkman, S. (1984). *Stress, appraisal, and coping.* New York: Springer.

Maslach, C. (1982). Understanding burnout: Definitional issues in analyzing a complex phenomenon. In W. S. Paine (Ed.), *Job stress and burnout* (pp. 29–40). Newbury Park, CA: Sage.

Maslow, A. H. (1970). *Motivation and personality*. New York: Harper & Row.

Mayou, R. A., Ehlers, A., & Hobbs, M. (2000). Psychological debriefing for road traffic accident victims: Three-year follow-up of a randomized controlled trial. *British Journal of Psychiatry, 176*, 589–593.

Meichenbaum, D., & Fitzpatrick, D. (1993). A constructivist narrative perspective on stress and coping: Stress inoculation applications. In L. Goldberger & S. Breznitz (Eds.), *Handbook of stress: Theoretical and clinical aspects* (2nd ed., pp. 706–723). New York: Free Press.

Myer, R. A. (2001). *Assessment for crisis intervention: A triage assessment model*. Belmont: Brooks/Cole.

Myer, R. A., & James, R. K. (2005). *CD-ROM and workbook for crisis intervention*. Belmont: Thomson.

Myer, R. A., Williams, R. C., Ottens, A. J., & Schmidt, A. E. (1992). Crisis assessment: A three-dimensional model for triage. *Journal of Mental Health Counseling, 14*, 137–148.

National Institute of Mental Health (2002). *Mental Health and Mass Violence: Evidence-based early Psychological intervention for victims/survivors of mass violence. A workshop to reach consensus on best practices*. NIH Publication No.02-5138, Washington, DC: U. S. Government Printing Office.

Rapoport, L. (1965). The state of crisis: Some theoretical considerations. In H. Parad (Ed.), *Crisis intervention: Selected readings* (pp. 22–31). New York: Family Service Association of America.

Siegman, A. W. (1993). Paraverbal correlates of stress: Implications for stress identification and management. In L. Goldberger & S. Breznitz (Eds.), *Handbook of stress: Theoretical and clinical aspects* (2nd ed., pp. 274–299). New York: Free Press.

Slaikeu, K. A. (1990). *Crisis intervention: A handbook for practice and research* (2nd ed.). Boston: Allyn & Bacon.

Williams, M. B., & Poijula, S. (2002). *PTSD Workbook*. New Harbinger Publications.

World Health Organization. (2016). *Problem management plus(PM+): Individual psychological help for adults impaired by distress in communities exposed to adversity: WHO generic field-trial version 1.0*. World Health Organization. http://www.who.int/iris/handle/10665/206417

찾아보기

저자 소개

■ 권정혜

서울대학교 심리학과 학사 및 석사
UCLA 임상심리학 박사
한국인지행동치료학회 학회장
한국임상심리학회 학회장
현 고려대학교 심리학과 교수
고려대학교 부부상담연구소 소장
한국심리학회 재난심리위원회 위원
한국인지행동치료학회 외상후 스트레스장애 연구회 회원

■ 안현의

부산대학교 심리학과 학사
University of Wisconsin-Madison 상담심리학 석사 및 박사
한국청소년상담원 연구개발부장
부산대학교 심리학과 조교수
현 이화여자대학교 심리학과 조교수
한국심리학회 재난심리위원회 위원
한국인지행동치료학회 외상후 스트레스장애 연구회 회원

■ 최윤경

고려대학교 심리학과 학사
고려대학교 대학원 임상심리학 석사 및 박사
고려대학교 의료원 정신과 임상심리레지던트 수료
고려대학교 의료원 정신과 임상심리전문가
현 계명대학교 심리학과 전임강사
한국심리학회 재난심리위원회 위원
한국인지행동치료학회 외상후 스트레스장애 연구회 회원

■ 주혜선

서울여자대학교 영어영문학과 학사
이화여자대학교 대학원 상담심리학 석사 및 박사
한국상담심리학회 상담심리전문가
현 이화여자대학교 심리학과 박사후과정 연구원
마음사랑 인지행동치료센터 객원상담원

재난과 외상의
심리적 응급처치(2판)

2008년 8월 19일 1판 1쇄 발행
2014년 1월 15일 2판 1쇄 발행
2021년 4월 20일 2판 4쇄 발행

지은이 • 권정혜 · 안현의 · 최윤경 · 주혜선
펴낸이 • 김 진 환
펴낸곳 • (주) 학지사
04031 서울특별시 마포구 양화로 15길 20 마인드월드빌딩 5층
대표전화 • 02) 330-5114 팩스 • 02) 324-2345
등록번호 • 제313-2006-000265호
홈페이지 • http://www.hakjisa.co.kr
페이스북 • https://www.facebook.com/hakjisabook

ISBN 978-89-997-0259-4 93180

정가 17,000원

이 도서의 국립중앙도서관 출판시도서목록(CIP)은 서지정보유통지원시스템 홈페이지(http://seoji.nl.go.kr)와 국가자료공동목록시스템(http://www.nl.go.kr/kolisnet)에서 이용하실 수 있습니다.
(CIP제어번호: CIP2013025724)